D1808110

POÈMES A JOUER

POÈMES A JOUER

JEAN TARDIEU

Poèmes à jouer

Théâtre II

NOUVELLE ÉDITION
REVUE ET AUGMENTÉE

GALLIMARD

Les amants du métro

BALLET COMIQUE SANS DANSE
ET SANS MUSIQUE
(1954)

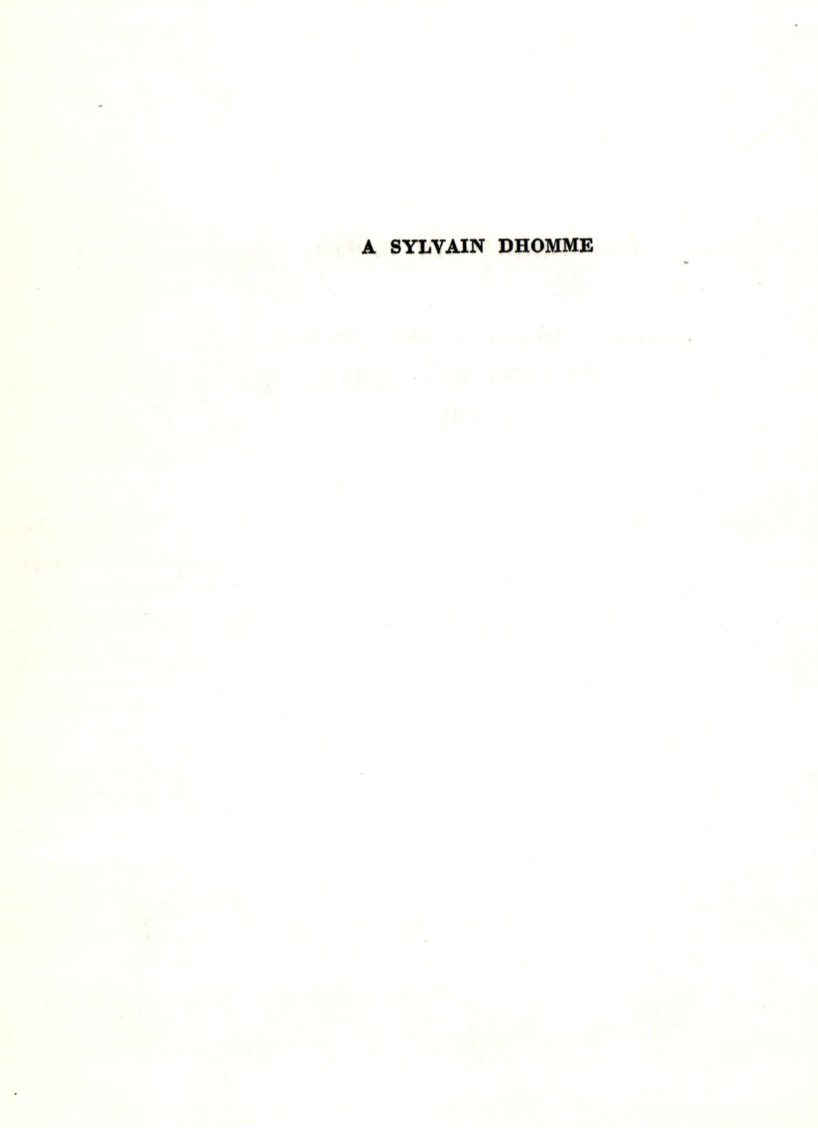

A SYLVAIN DHOMME

LES AMANTS DU MÉTRO

a été créé le 22 avril 1952

au Théâtre Lancry

INTERPRÈTES :

Évelyne Eyffel
Roger Paschel
Gabriel Jaboure
Rosette Zuchelli
Tsilla Chelton
Sylvain Dhomme
Paul Chevalier

Décor de Jacques Noël

Mise en scène de Sylvain Dhomme

*Le premier tableau se passe sur le quai d'une station de métro,
le deuxième dans un compartiment d'une rame en marche.*

PERSONNAGES

ELLE.
LUI.
Et vingt-trois voyageurs anonymes, dont un mannequin.

Pour ces vingt-trois voyageurs, cinq comédiens (trois hommes et deux femmes) suffisent. Ils incarneront successivement les personnages suivants :

Dans le premier acte :

(grâce à quelques rapides indications de détail — telles que moustaches, coiffures, lunettes, etc. —, et grâce à des compositions de voix et d'attitude)

Le premier homme du monde
Le deuxième homme du monde
La dame pressée
Le monsieur qui boite
Le monsieur prétentieux
L'amie de cœur
Le lecteur ecclésiastique
Le lecteur laïc
L'étudiant

L'étudiante
La vieille demoiselle
La jeune fille
Le premier monsieur âgé
Le deuxième monsieur âgé
La première élégante étrangère
La deuxième élégante étrangère
L'interprète

Dans le deuxième acte :

Le liseur de journaux . . . .   *Petit Monsieur méticuleux et plus très jeune.*

La dame-offensée-mais-provo-
cante . . . .   *Grosse et ridicule.*

La star imaginaire . . . . .   *Jeune couturière, jolie et drôle.*

L'ouvrier plombier . . . . .   *Assez jeune. Malin, gouailleur. Est en costume de travail, sa boîte à outils en bandoulière. Il tient peut-être à la main quelques tuyaux de plomb.*

Le « protecteur ». . . . . .   *Simple mannequin de vitrine d'un magasin de confection. Moustache peinte, chapeau, gants. L'air suave et idiot.*

L'individu-en-train-de-fondre-
dans-la-foule. . . . . . .   *Aspect « ad libitum ».*

PREMIER TABLEAU

SUR LE QUAI D'UNE STATION DE MÉTRO

L'extrémité de la scène est d'abord presque entièrement occupée par deux grandes affiches bariolées, tendues sur des châssis légers, portés, de l'intérieur de la scène, par des personnes que l'on ne peut voir.

Sur les affiches, au milieu d'images en désordre représentant divers objets tels que bouteilles, chevelures, canards, locomotives, etc., on lit ces mots tracés en tous sens, à la main :

— PRENEZ LA SCÈNE DU BON CÔTÉ !
— BUVEZ MES PAROLES !
— AFFAIBLIS, REPRENEZ DES FORCES !
— VIVEZ SI M'EN CROYEZ !

On peut également pendre çà et là des pancartes bleues sur lesquelles sont écrits en blanc des noms de stations de métro ou de directions imaginaires; exemple :

— DIRECTION DE CLICHY-VINCENNES :
    CHANGER A MARBEUF-SAUPIQUET...
— SÈVRES-PALMYRE
— BONAPARTE-DUPANLOUP
— WAGRAM-TRAFALGAR

— SAINT-MICHEL-VOLTAIRE
— PANTHÉON-DUFAYEL, etc.

Puis les affiches s'écartent et disparaissent à droite et à gauche dans les coulisses.

On aperçoit le quai d'une station de métro, où des gens vont et viennent.

Cet acte peut d'ailleurs se passer également devant le rideau. Il suffit de placer, à gauche, un praticable donnant directement sur la coulisse, comportant trois ou quatre marches et symbolisant les escaliers qui descendent au quai.

Les personnages chargés de représenter le va-et-vient de la foule apparaissent, disparaissent, réapparaissent, montent ou descendent les marches. Ce va-et-vient doit donner l'impression d'un mouvement irrégulier et imprévisible, tout en étant réglé avec précision.

Pendant tout cet acte, de courtes scènes seront jouées au premier plan, tandis que les voyageurs anonymes ne cesseront d'aller et venir, les uns vite, les autres lentement, s'évitant les uns et les autres et se livrant à toute la mimique, en apparence étrange et insolite, de ces gens inconnus que nous sommes tous, lorsque nous nous croisons, l'espace de quelques secondes, dans un lieu de passage public.

Quelques comédiens doivent suffire à ce jeu. Ils changeront rapidement, en coulisse, un détail de leur costume et composeront, chaque fois, des personnages nouveaux, différents par le ton de la voix, l'accent ou l'attitude.

L'ensemble doit donner l'impression d'une sorte de ballet, avec transposition de la réalité dans le rythme.

Deux hommes du monde s'avancent côte à côte jusqu'au milieu de la scène. Là, ils stoppent brusquement.

PREMIER HOMME DU MONDE, *très aimable.*

Alors, au revoir, mon cher!

DEUXIÈME HOMME DU MONDE, *encore plus aimable.*

Vous vouliez dire : au revoir, mon cher?

PREMIER HOMME DU MONDE

Quoi donc, n'ai-je point dit cela?

DEUXIÈME HOMME DU MONDE

Si, si, vous l'avez dit : vous avez bien dit : au revoir, mon cher!

PREMIER HOMME DU MONDE

N'est-ce donc point ce qu'il fallait dire?

DEUXIÈME HOMME DU MONDE

Exactement ce qu'il fallait dire. Et je répondrai...

PREMIER HOMME DU MONDE

Et vous répondrez?

DEUXIÈME HOMME DU MONDE

Je répondrai : au revoir, mon cher.

PREMIER HOMME DU MONDE

Allons, tout est bien ainsi. Au revoir!

DEUXIÈME HOMME DU MONDE

Au revoir!

PREMIER HOMME DU MONDE

Au revoir!

DEUXIÈME HOMME DU MONDE

Au revoir!

PREMIER HOMME DU MONDE

Au revoir!

Ils se secouent les mains plusieurs fois chaleureusement et s'en vont, l'un à droite, l'autre à gauche. Mais avant de disparaître, ils s'arrêtent brusquement.

PREMIER HOMME DU MONDE, *se retournant et criant.*

Et à bientôt!

DEUXIÈME HOMME DU MONDE, *même jeu,
mettant sa main en porte-voix.*

Oui, à bientôt!

PREMIER HOMME DU MONDE

A bientôt!

*Arrivent Lui et Elle. Ils se tiennent par la main, et
avancent presque en dansant. Ils vont et viennent une ou
deux fois ainsi, puis disparaissent en souriant.*

LUI, *sur un rythme de valse.*

Un, deux, trois, amour.

ELLE, *même jeu.*

Un, deux, trois, séjour.

LUI

Un, deux, trois, Adour.

ELLE

Un, deux, trois, toujours.

LUI

Un, deux, trois, ficelle.

ELLE

Un, deux, trois, plaisir.

LUI

Un, deux, trois, nacelle.

ELLE

Un, deux, trois, partir.

LUI

Un, deux, trois, je t'aime.

ELLE

Un, deux, trois, balance.

LUI

Un, deux, trois, quand même.

ELLE

Quatre, cinq, six, constance.

LUI

Un, deux, trois, rivière.

ELLE

Un, deux, trois, content.

LUI

Trois, cinq, sept, mystère.

ELLE

Un, deux, trois, longtemps.

LUI

Un, deux, trois, amour.

ELLE

Un, deux, trois, toujours.

LUI

Un, deux, trois, toujours.

Ils s'en vont.

LA DAME PRESSÉE, *suivie d'un monsieur
qui traîne la jambe.*

Vite, Gustave... pas manquer... correspondance!... Vite!

LE MONSIEUR QUI BOITE, *très essoufflé.*

Long... long... mal aux talons...

LA DAME PRESSÉE, *agacée.*

Mon Dieu!... arriverons pas... tout sera fini!

> *Arrivent un monsieur et une dame qui traversent majestueusement la scène.*

LE MONSIEUR PRÉTENTIEUX

J'en ai eu un, pendant fort longtemps...

L'AMIE DE CŒUR

Ah! et comment était-il?

LE MONSIEUR PRÉTENTIEUX

Il était beau. Très beau. Très très beau. Vraiment très beau... Mais très fragile... Et très difficile à comprendre. Très, très. Il fallait s'y habituer... Très!

L'AMIE DE CŒUR

A ce point-là, mon cher, ça devient assujettissant, très assujettissant! Moi aussi, j'en ai gardé un longtemps, gardé un longtemps. Mais un jour, en le nettoyant, nettoyant...

> *Elle fait un geste vague, évoquant soit la mort d'un être, soit le bris d'un objet.*

LE MONSIEUR PRÉTENTIEUX

Ah? Et où était-il?

L'AMIE DE CŒUR

Sur la cheminée du salon, cheminée du salon!

Le monsieur et la dame disparaissent. Deux personnages apparaissent aux deux bouts de la scène et se dirigent l'un vers l'autre sans se voir, car ils sont absorbés, chacun dans la lecture d'un livre. Ils se ressemblent d'ailleurs étonnamment mais l'un est un prêtre et l'autre un « laïc ». Ils se heurtent l'un à l'autre et s'arrêtent.

LE LECTEUR ECCLÉSIASTIQUE

Oh, pardon!

LE LECTEUR LAÏC

Oh, pardon!

LE LECTEUR ECCLÉSIASTIQUE, *parlant de son livre, comme s'il se présentait lui-même. Avec une légère inclinaison du buste.*

Saint Paul!

LE LECTEUR LAÏC, *même jeu.*

Marquis de Sade!

LE LECTEUR ECCLÉSIASTIQUE

Excusez-moi!

LE LECTEUR LAÏC

Je vous en prie!

Ils se saluent gravement et continuent leur chemin en reprenant leur lecture.
Arrivent un étudiant et une étudiante, leurs livres sous le bras.

L'ÉTUDIANTE, très gravement.

... Tu comprends, la jeune fille, elle est prêtresse de Vénus. Oui, pour ainsi dire, ses parents lui ont fait prendre le voile.

L'ÉTUDIANT, goguenard.

Quoi? Elle est dans un couvent?

L'ÉTUDIANTE

Ne dis pas de bêtises! Elle vit seule, dans une tour, à Sestos, avec une servante, sur le rivage de la mer.

L'ÉTUDIANT

Et alors?

L'ÉTUDIANTE

Alors, un jour, elle aperçoit un jeune homme, à la ville, pendant une espèce de fête de patronage. Malheureusement, lui, il vit à Abydos, de l'autre côté du détroit. Ça ne fait rien, tu sais ce que c'est, elle l'aime, il l'aime. Il décide d'aller la retrouver le soir, en cachette.

L'ÉTUDIANT, narquois.

En cachette de qui, de Vénus?

L'ÉTUDIANTE

Mais non, idiot! De la servante du Temple! Alors, tous les soirs, elle lui fait signe avec une lampe, du haut de sa tour. Alors, il traverse à la nage le bras de mer qui les sépare. Tu te rends compte! tout un bras de mer! Pour la rejoindre!... Ils passent la nuit ensemble et le matin, il repart.

L'ÉTUDIANT

Et alors?

L'ÉTUDIANTE

Alors, tout a bien marché tant que c'était l'été. Mais l'hiver,

tu sais, quand le nautonier a rangé sa barque dans le port,
quand les vents furieux sur l'élément liquide...

L'ÉTUDIANT, gouailleur.

Je vois, je vois, continue!

L'ÉTUDIANTE

Alors, un soir de tempête, il part quand même à la nage et,
naturellement, il se trouve mal dans l'eau...

L'ÉTUDIANT

Et alors?

L'ÉTUDIANTE

Alors, c'est seulement son cadavre que les vagues déposent
sur le rivage... Alors, elle, du haut de la tour, elle voit qu'il
est mort. Alors, elle se jette par la fenêtre et tombe morte à
côté de lui.

L'ÉTUDIANT

Et ça s'appelle?

L'ÉTUDIANTE

Ça s'appelle Léandre et Héro. C'est un beau poème. Mais
c'est assez calé à traduire!...
> *Ils disparaissent.*
> *Aussitôt, à l'opposé, arrivent les Amants du métro,
> enlacés, marchant lentement, silencieusement, dans l'extase.
> Ils s'arrêtent au fond de la scène et commencent à se parler
> à voix basse et à s'embrasser sans bouger de place.*
> *Passe une vieille demoiselle accompagnée d'une toute
> jeune fille.*

LA VIEILLE DEMOISELLE, sévère, cherchant à empêcher
la jeune fille de voir le couple.

Cécile, regarde l'affiche du Quinquina-Potage!

LA JEUNE FILLE, *plaintive,*
regardant obstinément le couple.

Mais je n'en bois pas!

LA VIEILLE DEMOISELLE

Ça ne fait rien... Regarde quand même! Il faut toujours regarder les affiches. Les affiches, toujours il faut les regarder!

LA JEUNE FILLE

Vous m'avez dit le contraire tout à l'heure!

LA VIEILLE DEMOISELLE

C'est que c'était qu'il s'agissait d'une affiche qu'il ne fallait pas qu'on la regarde. Allons, viens!

Elles disparaissent rapidement. La jeune fille sort en rechignant et en jetant un dernier coup d'œil vers les amoureux.

Ceux-ci alors se détachent du fond et viennent au premier plan. Ils parlent dans un état de ravissement qui doit être perceptible, sans être ridicule; tout au plus doit-il faire sourire. De toute façon, on doit trouver les amants sympathiques et même, si possible, émouvants.

ELLE

Où suis-je?

LUI

Auprès de moi.

ELLE

Où es-tu?

LUI

Près de toi.

ELLE

Tu es?

LUI

Je suis.

ELLE

Je n'étais rien. Tu es venu. Je suis.

LUI

Je suis avec toi.

ELLE

Je ne suis rien sans toi.

LUI

Nous sommes.

ELLE, implorante.

Dis : nous serons!

LUI

Nous serons.

ELLE

Je voudrais être toi.

LUI

Tu es moi.

ELLE

Pour toi, autour de toi.

LUI

Par toi, vers toi, à travers toi.

ELLE

Être l'un pour l'autre.

LUI

Un seul être.

> *Ils s'en vont lentement.*
> *Arrivent deux messieurs âgés, bien mis, et décorés.*
> *Probablement des hommes politiques.*

PREMIER MONSIEUR ÂGÉ, *voix nasillarde, ton cassant.*

Ainsi, c'est là ce que vous préconisez?

DEUXIÈME MONSIEUR ÂGÉ, *hésitant, raffiné et scrupuleux.*

Oui, en somme, oui... pour ainsi dire... c'est cela...

PREMIER MONSIEUR ÂGÉ

Vous êtes donc un Préconisateur?

DEUXIÈME MONSIEUR ÂGÉ, *presque indigné.*

Oh, non... non, permettez! Ne me faites pas dire ce que je n'ai pas dit!

PREMIER MONSIEUR ÂGÉ

Alors, vous pensez que l'on peut « préconiser » sans être un Préconisateur?

DEUXIÈME MONSIEUR ÂGÉ

Heu... pardon, pardon... heu... préconiser, n'est-ce pas, est une chose, mais, heu, être un Préconisateur en est une autre!

PREMIER MONSIEUR ÂGÉ

Ne préconisez donc pas!

DEUXIÈME MONSIEUR ÂGÉ

Hélas, cher ami, c'est pourtant mon métier; que deviendrais-je si je ne préconisais plus?

PREMIER MONSIEUR ÂGÉ

Alors agissez!

DEUXIÈME MONSIEUR ÂGÉ

Agir, agir! Mais avant d'agir il faut réfléchir! Il y a oui, il y a non. Ceux qui pour, ceux qui contre. C'est alors que j'interviens et que... *(Il fait un geste élégant.)* ...et que je préconise...

PREMIER MONSIEUR ÂGÉ, *avec une nuance de mépris.*

Allez! vous finirez dans la peau d'un Préconisateur!

> *Pendant que le second monsieur proteste avec véhémence contre cette prédiction infamante, ils disparaissent tous les deux.*
> *Aussitôt après, apparaissent de nouveau les Amants du métro. Mais aux scènes d'amour va succéder une « scène » tout court.*
> *Ils traversent le plateau assez rapidement, elle dans l'attitude de l'énervement et du reproche, lui dans l'attitude de l'innocence désarmée, qui espère être défendue par la seule évidence de sa bonne foi.*

ELLE

Songe à ce que tu étais!

LUI

Mais je suis toujours!

ELLE

Non, tu n'es plus toi!

LUI

Mais si, je suis moi!

ELLE

Mais non!

LUI

C'est toi qui n'es plus toi!

ELLE

Ah, c'est trop fort! C'est toi qui n'es plus moi!

LUI

Mais quoi? Mais pourquoi? Mais qu'est-ce?

ELLE

Tu sais bien que!

LUI

Que quoi?

ELLE

C'est toi-même qui l'as dit!

LUI

J'ai dit quoi?

ELLE

Tu le sais bien. Tu n'avais qu'à ne pas!

LUI

Mais je n'ai pas voulu! J'ai dit que! Mais tu as compris que ne pas!

ELLE

J'ai compris que j'ai compris!

LUI, *commençant à s'échauffer.*

Et moi, je suis ce que je suis à la fin!

ELLE, *relevant le défi.*

Ah, tu es ce que tu es! Eh bien, moi aussi!

LUI

Mais non, voyons! Tu ne peux pas être ce que je suis!

ELLE, *pleine d'un reproche passionné,*
presque au bord des larmes.

Je l'étais bien, tout à l'heure! J'étais ton « je suis », tu étais mon « tu es ». Ah, tout est bien différent!

LUI, *implorant.*

Écoute-moi!

ELLE, *pleurnichant.*

Non! Viens! Allons-nous-en! C'est ici que nous étions!

LUI, *attendri.*

Mais nous serons, tu le sais bien, nous serons de nouveau!

Ils s'en vont. Deux élégantes étrangères s'avancent. Elles essaient d'entrer en conversation, mais, parlant des langues différentes, ne parviennent pas à se comprendre.

PREMIÈRE ÉLÉGANTE ÉTRANGÈRE

Ama mahi, paha « Paris »?

DEUXIÈME ÉLÉGANTE ÉTRANGÈRE, *n'ayant compris*
que le mot « Paris ».

Oh Paris, gouch, gouch, Paris!

PREMIÈRE ÉLÉGANTE ÉTRANGÈRE

Ouyou mé-houi?

DEUXIÈME ÉLÉGANTE ÉTRANGÈRE, faisant signe
qu'elle ne comprend pas.

Pa Kop, pa Kopi, potok!

Arrive l'interprète cherchant de la clientèle. Son costume disparate indique sa fonction; par exemple, un fez, une natte dans le dos, une jupe de soldat écossais... Il avise les deux étrangères et se présente à elles en leur offrant ses services.

L'INTERPRÈTE

Interprète?... Interprète?...

PREMIÈRE ÉLÉGANTE ÉTRANGÈRE, faisant signe
à la deuxième et lui demandant ce que veut dire
ce nouveau venu.

Ouyou, ébéli, mahi?

DEUXIÈME ÉLÉGANTE ÉTRANGÈRE, faisant signe
qu'elle n'a compris ni la dame ni l'interprète.

Pakopi, potok, putuk!

L'INTERPRÈTE, ainsi renseigné
sur les langues que parlent les deux élégantes,
à la première :

Interprèti-hi?...

PREMIÈRE ÉLÉGANTE ÉTRANGÈRE, faisant signe
qu'elle a compris et acquiesçant.

O Mahuhi!... Mahui!

L'INTERPRÈTE, s'adressant à la seconde dame.

Interprêtok?

DEUXIÈME ÉLÉGANTE ÉTRANGÈRE, *faisant signe
qu'elle a compris et acquiesçant bruyamment.*

Gouche! Gouch! Mogok!
Bézoui bélek? Péché-pi, coto-cox?

L'INTERPRÈTE, *traduisant pour la première élégante.*

Méné-hi, méné-ha, épé-hi!

LA PREMIÈRE ÉLÉGANTE ÉTRANGÈRE, *faisant signe
qu'elle a compris.*

Fé-gué-hi, fé-gué-hi! *(Désignant successivement, avec coquet-
terie, les diverses pièces de son propre habillement.)* Evéhi,
rémé-ha, ho hai-ho : oui dou you, lémé oui!... Mada-oua,
a-da-doua, éré-oui.

L'INTERPRÈTE, *s'adressant à la deuxième élégante étrangère,
et désignant lui aussi,
de la tête aux pieds, l'habillement de la première élégante.*

Gouch! Pez! Guégué viefr, pem redibi, pam sekodah, pam
dadaour!... Kokorox!

DEUXIÈME ÉLÉGANTE ÉTRANGÈRE, *riant.*

Achr! achr! Kedett! Kedett! Abraboras magox!

PREMIÈRE ÉLÉGANTE ÉTRANGÈRE, *riant.*

Mémé-hi, amama oui! mahoua, mahi!

L'INTERPRÈTE, *riant grossièrement.*

Popox! heu! heu! heu! Popox, popox!

*Ils s'éloignent tous trois en riant. Les amants reviennent.
Cette fois-ci, ils sont en pleine discussion.*

LUI, *avec violence.*

Et tu, et tu, et tu, et tu!

ELLE, *avec la même violence.*

Pas moi, mais toi, pas moi, toi!

LUI

Pardon, tu me!

ELLE, *furieuse.*

Comment, je te?

LUI

Oui, je te!

ELLE

Je te jamais, moi!

LUI

Si, tu me!

ELLE

C'est toi qui!

LUI

Moi qui quoi?

ELLE

Toi, toi, toi, toujours toi! *(Ironique.)* Ah vraiment! *(Véhémente et volubile.)* Et comment qui que je? Et pour qui pourquoi?

LUI, *accablé.*

Mais pour toi, pas pour moi! C'est toi qui te, alors que moi je!

ELLE

Moi je oui, parbleu, moi je, moi je toujours!

LUI, *continuant un effort d'explication sincère.*

Mais enfin : moi je, parce que toi tu!

ELLE, *possédée du démon.*

Il n'y a pas de toi tu! Fini le moi tu, fini le toi, fini le moi!

Elle fond en larmes.

LUI, *ému.*

Mais tu sais bien que je!

ELLE

Non, je ne, je ne, jamais!

LUI, *inquiet.*

Tu ne vas pas me?

ELLE

Si, je vais te!

LUI, *implorant.*

Francesca!

ELLE, *s'éloignant d'un pas en pleurant.*

Non!

LUI, *un peu déchirant.*

Alissa!

ELLE, *un pas de plus.*

Non!

LUI, *de plus en plus fort.*

Juliette! Charlotte!

ELLE, *s'éloignant encore.*

Non, non!

LUI

Laure! Béatrix! Cléopâtre!

ELLE

Non, non, non, non!

Elle sort de scène en courant.

LUI, *criant et courant après elle.*

Emma! Éloa! Héloïse! Diotima! Georgia! Hilda! *(Il disparaît en courant. Elle reparaît en face, descendant les marches, toujours à travers le va-et-vient de la foule, et se dirige du côté opposé à la scène. Au moment où elle va disparaître, Lui reparaît, courant après elle et lui faisant signe de s'arrêter. Criant de loin.)* Quand donc?

ELLE, *de même, douloureusement.*

Nulle part!...

LUI

Où donc?

ELLE

Jamais!...

Ils accomplissent ainsi deux ou trois évolutions de la coulisse à la scène, Lui cherchant à la rattraper et traduisant par sa hâte croissante le sentiment tragique de la perte de son amour, et son désir pathétique de le retrouver.

Pendant ce jeu de scène, une voix, sur un ton monotone mais très rythmé, martelé, continue à énumérer des noms de femme.

LA VOIX, *dans la coulisse ou à travers un haut-parleur.*

Élise, Émilie, Anna,
Julie, Aurore, Cassandre,
Dolorès, Tania, Ninon,
Hélène, Armande, Ophélie,
Mélusine, Armide, Anitra,
Louise, Jeanne, Marie, Claudine,
Suzanne, Raymonde, Colette, Annik!

Le rythme de la course des deux amants doit s'accélérer en même temps que la mélopée des noms de femme.

Brusquement, la scène se vide. Le praticable de gauche disparaît; peut-être, suivant les dispositions de la scène, les affiches reviennent-elles au premier plan pour masquer le changement de décor.

Et c'est le...

DEUXIÈME TABLEAU

Arrive le long du quai un compartiment d'une rame de métro, ouvert comme si l'on avait abattu un côté de wagon.

Un rang de mannequins debout, l'œil fixe (et pour cause), remplit déjà le compartiment presque jusqu'au bord, laissant seulement la place pour un rang de voyageurs serrés. Une exception toutefois : au premier plan, un mannequin debout (celui qui représente le « protecteur ») occupe déjà la sixième place du premier rang en partant de la gauche.

Au-delà du premier et du second rang, des silhouettes en carton découpé simulent les profondeurs d'une foule de voyageurs tassés debout les uns à côté des autres.

Les voyageurs arrivent en courant les uns après les autres, montent très vite dans le compartiment et se placent debout, serrés côte à côte, face au public, mais de manière à laisser une place libre à chaque extrémité de la scène.

Ils peuvent aussi se placer d'abord le dos tourné au public. Dans ce cas, un masque d' « anonyme », identique pour tous, serait fixé sur leur nuque et ils pourraient avoir dans le dos un « uniforme d'anonyme ». Plus tard, c'est-à-dire au moment où le « héros » lui adressera la parole en particulier, chacun d'eux pivotera sur lui-même : le voyageur alors montrera son propre visage et son costume personnel. Seul, bien entendu, le mannequin représentant le « protecteur » sera de face dès le début et restera de face jusqu'à la fin.

Ces voyageurs sont, dans l'ordre de leurs places respectives, de gauche à droite (du jardin à la cour) :

— L'amateur de journaux.
— La dame offensée mais provocante.
— L'ouvrier compréhensif.
— La star imaginaire.
— Le « protecteur » (le mannequin).
— L'individu-en-train-de-fondre-dans-la-foule.

Ces six voyageurs, même lorsqu'ils seront vus de face, seront d'abord anonymes, c'est-à-dire dépersonnalisés, inexpressifs, figés, absents, comme s'ils étaient, tous, de simples mannequins. Ils restent tels tant qu'ils ne sont pas entrés en conversation particulière avec le personnage principal. A ce moment-là, ils quittent leur anonymat et deviennent des êtres humains caractérisés, distincts, vivants.

D'abord, tournant mécaniquement la tête l'un vers l'autre, comme des automates, les six voyageurs s'interpellent et se répondent très vite, sur un ton identique, très composé; voix de marionnettes, cassantes, aiguës, irréelles, différentes des voix normales qu'ils auront tout à l'heure lorsqu'ils deviendront des êtres humains particuliers.

L'AMATEUR DE JOURNAUX, *tournant la tête*
vers la dame offensée.

Vous m'connaissez?

LA DAME OFFENSÉE, *tournant la tête*
vers l'amateur de journaux.

Vous connais pas! *(Aussitôt après, tournant la tête vers la star imaginaire.)* Vous m'connaissez?

LA STAR IMAGINAIRE, *même jeu.*

Vous connais pas! *(Même jeu vis-à-vis de l'ouvrier plombier.)* Vous m'connaissez?

L'OUVRIER

Vous connais pas! *(Même jeu, à son voisin.)* Vous m'connaissez?

LE « PROTECTEUR », *étant un mannequin,
ne répond pas.*

L'OUVRIER, *désignant son voisin.*

I m'connaît pas! *(Se penchant pour interpeller le sixième voyageur.)* Vous l'connaissez?

L'INDIVIDU-EN-TRAIN-DE-FONDRE-DANS-LA-FOULE

Le connais pas! Vous connais pas! Ne connais pas! Connais personne!

Aussitôt ce jeu de scène fini, les six voyageurs reprennent leur immobilité de mannequin.

« Elle » arrive en courant, et monte, à la place restée libre, à l'extrémité droite du compartiment. Les six voyageurs font mine de se serrer au maximum les uns contre les autres pour lui permettre de se caser, tout en maintenant une autre place vide à l'extrémité gauche du compartiment.

Aussitôt après, « Lui » arrive en courant. Il essaye de monter à côté d'elle : impossible, il est refoulé.

LUI

Ne t'en va pas sans moi! Ne t'en va pas sans moi!... *(Il essaie de « percer » en plusieurs endroits du « front » des voyageurs. Même insuccès. Il se décide enfin à occuper la place laissée libre à gauche. Il est donc séparé d'Elle par les six voyageurs debout côte à côte qui représentent la foule. La jeune femme, à droite, pleure dans son mouchoir. Lui, à l'autre bout, s'éponge le front. Deux portants de quarante à cinquante centimètres de haut, l'un poussé de la coulisse de droite, l'autre de la gauche, et repré-*

sentant les portes automatiques, viennent se rejoindre au milieu de la scène, masquent le bas des jambes des voyageurs et donnent ainsi l'impression d'un castelet pour grandes marionnettes ou d'un « jeu de massacre »! Coups de sifflet du chef de station. Les huit voyageurs expriment le départ de la rame de métro en se penchant tous ensemble très fortement du même côté. Remis d'aplomb, ils n'en continueront pas moins, pendant toutes les scènes suivantes, à nous rappeler de temps en temps que la rame est en marche, et cela grâce à divers mouvements : remuement des épaules, de la tête, etc. En même temps, ils doivent aussi faire entendre, bouche fermée, une sorte de mélopée, rythmée (quatre temps, dont le premier est un temps fort), représentant le mouvement des roues. Afin de symboliser le départ, on peut aussi faire passer lentement et successivement de la droite à la gauche de la scène les affiches du début pour signifier que le métro part de la gauche à la droite. Enfin les pancartes bleues indiquant les stations disparaissent. On peut aussi se procurer un « bruitage » enregistré de rame de métro en mouvement : on le ferait passer du moins au début de l'acte et l'on shunterait au moment où les personnages commencent à parler.

Lui essayant de se frayer un passage dans la foule et parlant à son voisin immédiat. Pardon, monsieur!... *(Pas de réponse.)* Pardon, monsieur! Vous permettez!... Monsieur, s'il vous plaît!...

Le voisin ne bouge pas.

LA FOULE, *en chœur, sans que l'on voie parler personne, puisque les personnages ont le dos tourné. D'abord* mezzo voce, *mais très rythmé. Voix d'hommes et de femmes mêlées.*

Alfred, Lucien, Félix!
Robert, Martin, Basile!
Benoît, Richard, Pascal!

LUI

Monsieur, je... Voulez-vous... me laisser passer... s'il vous plaît! me laisser passer... Monsieur!...

Pas un mouvement.

LA FOULE

Albert, Julien, Gaston!
Ernest, Alain, Ignace!
Daniel, Simon, Gustave!

LUI, *se tournant vers les autres personnes*
du compartiment.

Madame, mesdames, monsieur, s'il vous plaît... Il faut que
je... J'ai quelqu'un à rejoindre... S'il vous plaît... là-bas! Par-
don, madame!... *(Il s'arc-boute, joue des coudes, mais en vain;*
il devient suppliant.) Mesdames, messieurs, je vous en prie! Je
vous en prie, laissez-moi passer... Un tout petit espace, un tout
petit chemin!... *(Faisant le geste du nageur.)* Une brasse, rien
qu'une brasse!... jusqu'à la rive, rien que jusqu'à la rive!...

Aucun succès.

LA FOULE, *montant le ton et sur un rythme plus pressé.*

Marie, Agnès, Hortense!
Éva, Rachel, Justine!
Irène, Ida, Lydie!
Agathe, Olga, Sophie!

LUI, *se mettant sur la pointe des pieds et essayant de parler*
à son amie par-dessus la tête des voyageurs. On voit qu'il crie,
mais les sons qu'il émet, bien qu'étant sur le ton du cri, paraissent
faibles. Sa voix d'ailleurs est en partie couverte par le murmure
continuel de la foule.

C'est moi!... Je suis ici!... Dans le même wagon!... Je pars
avec toi! Attends-moi!... Ne descends pas avant moi!... ni
après moi!

Des voix se répondent très vite et se lancent des noms
comme des balles de tennis : les hommes des noms de
femme, les femmes des noms d'homme.

VOIX D'HOMME, *crescendo.*

Denise! Colette!

VOIX DE FEMME, *idem.*

Laurent! Émile!

VOIX D'HOMME, *criant.*

Christine! Édith!

VOIX DE FEMME, *idem.*

Victor! Césaire!

VOIX D'HOMME, *decrescendo.*

Lucie! Monique!

VOIX DE FEMME, *decrescendo.*

Michel! François!

Les voix, devenues indistinctes, continuent cependant à murmurer sur le même rythme.

LUI, *s'efforçant toujours de crier dans l'impuissance et avec un quasi-désespoir.*

Ce sont eux qui!... ce n'est pas un!... ce n'est pas deux!... ce n'est pas trois! c'est trois multiplié par cent, multiplié par trois... multiplié par mille au carré, que multiplie dix, plus trente, moins quatorze, plus deux mille!... Ce n'est pas moi, ce n'est pas toi! C'est toi plus moi, plus tous!... Tous plus tous égale un mur! tous plus tous, le sable, plus tous, la mer, plus les autres, personne!... *(Au comble de l'exaspération.)* Je veux te rejoindre!... Je-n'y-arrive-pas!

Brusquement le murmure des voyageurs s'arrête.

UNE VOIX D'HOMME, *sur un ton presque normal et gentil.*

Raymonde?

UNE VOIX DE FEMME, *même jeu.*

Roger!

LA MÊME VOIX D'HOMME

Raymonde?

LA MÊME VOIX DE FEMME

Roger...

LA MÊME VOIX D'HOMME

Raymonde?

LA MÊME VOIX DE FEMME

Roger...

ELLE, se haussant au-dessus des voyageurs,
à voix presque normale.

Tous... égale un plus un!

LA FOULE, dans un murmure apaisant
qui va decrescendo jusqu'à être presque indistinct.

Un plus un! Un plus un!... Un plus un! Un plus un! Un plus un! Un plus un! Un plus un! Un plus un!...

Un silence, puis :

Le premier obstacle à franchir
ou
l'amateur de journaux

LUI, après avoir observé quelques instants son voisin
et toussotant pour attirer son attention.

Hum! hum! (Pas de réponse.) Hum! hum! hum! (Pas de réponse. L'amateur de journaux pivote sur lui-même et apparaît avec son vrai visage : c'est un homme entre deux âges, assez bien mis. Sans se départir encore de son « anonymat », avec des gestes secs, presque mécaniques, il tire un journal de sa poche, le déplie et se met à le lire. L'attention qu'il apporte à cette lecture est symbolisée, plutôt que représentée, par les brusques mouvements de *tête du haut en bas ou de gauche à droite du journal. Ses gestes deviennent peu à peu plus souples et plus humains au cours de la conversation. Se décidant à parler.)* Niom, niom, niom, niom, niom, mots croisés?

L'AMATEUR DE JOURNAUX, tiré de sa lecture
et tournant brusquement la tête vers lui.
D'un ton bourru et parlant vite.

Tioc, tioc, tioc, tioc, tioc, tioc, politique...

LUI, du ton de quelqu'un qui veut s'instruire
et interroge avec respect une personne bien renseignée.

Beu, beu, beu, beu, beu, bonnes nouvelles?

L'AMATEUR, encore assez revêche.

Dac, dac, dac, dac, dac, dac, mauvaises nouvelles!

LUI, sincèrement désolé.

Oh! dz, dz, dz, dz, dz, dz! *(Un court silence. Montrant brusquement du doigt un passage du journal, avec une curiosité où l'on sent un rien d'émotion.)* Ve, ve, ve, ve, ve, faits divers?

L'AMATEUR, acquiesçant.

Po-pop, crime! Po-po-pop, crime d'amour!

LUI

Dob, dob, dob, racontez-moi!

L'AMATEUR, éprouvant une sympathie subite pour lui.

Vous intéresse?

LUI

Beaucoup!

L'AMATEUR, *après avoir replié son journal
et l'avoir remis dans sa poche.
Il raconte le fait divers avec tous les gestes voulus.*

Zeu, zeu, zeu, zeu, jeune fille, zeu, zeu, à la maison, zeu, zeu, toute seule, zeu, zeu, père en voyage, zeu, zeu, cafard. Pata, pata, coquette, pata, sortie, pata, la fête foraine, pata, les frites, pata, les pipes, pata, les chevaux de bois. Pan, pan, jeune homme, pan, pan, frisé, pan, casquette. Et patati, mademoiselle, et patata, monsieur, et patati, un tour de danse, et patata, un verre de champagne, et patati, ce que je pense, et patata, toute la nuit. Beuh, maison, beuh, père revenu, beuh, pas de fille, beuh, furieux, beuh, affolé. Padadam, police, padadam, recherches... Ding, ding, ding (sur le ton de l'angélus), ding, ding, ding, le matin... ding, ding, l'hôtel... la, la, la, amoureux! la, la, la, fatigués! la, la, la, heureux sommeil!... Rrrr! Rrrr! Flics! rrrr! Père! boum, boum, perquisition! toc, toc, ouvrez! La, la, la, pauvres amants! Patatras, réveillés. La, la, la, jeune fille : « retour... Maison... Jamais... ». Jeune homme : « amour... séparés... jamais! ». Toc, toc, toc, « ...de la loi! » toc, toc, toc, ouvrez, ouvrez! Lui, elle, « jamais! » et pan! « je t'aime » et pan! « je te tue! » et pan! « je me tue! » et dong, dong, dong, dong, dong, dong, dong (sur le ton d'un glas) le père, les flics, les amants, le cortège!...

LUI, *après un silence et citant La Fontaine.*

« Amour! Amour! pom, pom, nous tient,
Pom, pom, pom, pom, adieu prudence! »

L'AMATEUR

Plaît-il?

LUI, *négligemment.*

Dab, dab, dab, moi-même aussi.

L'AMATEUR, *avec intérêt.*

Tu, tu, tu, tu, vous-même?

LUI

Moi-même. Elle-même. Je l'aime... Grand, grand amour...
Jeune femme là-bas.

Il désigne l'autre extrémité du compartiment.

L'AMATEUR, *se haussant sur la pointe des pieds*
pour apercevoir la jeune femme.

Hon, hon! belle! hon, hon, belle, belle! *(Subitement inquiet.)*
Pouh, pouh! pas malheur? pouh, pouh! pas danger? pas fait
divers?

LUI

Si! Très peur, très peur.

L'AMATEUR, *pris de pitié.*

Oh! Comment?

LUI

Elle, zig, zig, zig, voulu partir, moi, tic, tic, tic, la rat-
traper!

L'AMATEUR, *indiquant la direction de la jeune fille.*

Vite, zou, zou, zou, la retrouver!

LUI

Pas possible! Trop serrés!

L'AMATEUR

Prenez ma place!

LUI

Merci, monsieur!

Lui et l'amateur de journaux, les bras serrés le long
du corps, tournent avec précaution l'un autour de l'autre,

*de sorte qu'ils échangent leurs places et que Lui se trouve
avoir gagné un échelon.*

L'AMATEUR

Soyez heureux, jeune homme, et toujours amoureux!

LUI

Vous êtes bien bon, monsieur. Nous penserons à vous quand
nous serons « nous deux ».

*L'amateur, occupant la place primitive de Lui, c'est-
à-dire à l'extrémité gauche du compartiment, reprend immé-
diatement un visage et des gestes d'automate tout en se
plongeant à nouveau dans la lecture de son journal.*

Le deuxième obstacle à franchir

ou

la dame offensée mais provocante

*A peine le jeune homme est-il arrivé à côté de la dame; celle-ci
pivote sur elle-même comme un mécanisme que l'on déclenche et
devient la personne la plus volubile, la plus bruyante, la plus
animée qui soit. Elle entreprend un long monologue où le jeune
homme ne pourra placer un mot.*

*Il se contentera d'exprimer ses sentiments : étonnement, indi-
gnation, moquerie, pitié, etc., par des mimiques appropriées.*

*Pendant ce temps, les autres voyageurs, naturellement, restent
impassibles, comme s'ils n'entendaient rien.*

LA DAME OFFENSÉE MAIS PROVOCANTE

Ah! c'est du propre et du joli! Si vous croyez que je n'ai pas
vu votre manège! et votre ménage! Si ce n'est pas honteux
de voir ça! Vaut mieux ne pas le voir! Il faut le voir pour
croire! Une pauvre petite qui ne vous a rien fait! Ah! vous lui
en avez fait voir! Ça n'est pas des choses à faire! L'abandonner
comme ça! Dans la solitude! En plein métro! Sans personne!
Et aux heures d'affluence, encore! Et en la maltraitant! Par-
faitement, en la maltraitant! Vous êtes un maltraiteur! *(Pre-*

nant à témoin les voyageurs impassibles.) Et, après ça, voilà-t-il pas que Môssieu vient poursuivre sa victime jusqu'ici! Au lieu de la laisser tranquille, lui qui vient de l'abandonner! Jusqu'ici! Dans notre propre compartiment! Un compartiment qui ne lui a rien fait et où il n'a rien à faire et qui nous appartient à nous autres! Nous autres, nous sommes des contribuables! Ça n'est pas comme ce vaurien. Ce vaurien, c'est vous, jeune homme! Parfaitement! Aussi, je ne vous parle pas, je ne vous adresse pas la parole. Parfaitement! A vous! C'est à vous, monsieur, que je n'adresse pas la parole! Comment? Pourquoi? Qu'est-ce que vous m'avez fait? En voilà un insolent! Mais heureusement que vous ne m'avez rien fait! Non, mais, pour qui se prend-il? Et pour qui me prenez-vous? Ah! si ma sœur aînée voyait ça! ça n'aurait pas traîné, allez! Vous ne seriez pas venu traîner ici! ni vous frotter à moi! Espèce de vilain individu! En voilà un voici! En voici un voilà! Je veux dire un voyou! Ah! si la grand-tante de ma sœur aînée voyait cela! C'était une vraie femme, vous savez, une vraie armoire, une armoire aux secrets, et pas commode, une vraie commode, un vrai tombeau, le tombeau des secrets! Ça n'est pas elle qui serait ici! Il y a trop longtemps qu'elle est morte! Elle est morte avant sa naissance. Je la connais sans la connaître. En ce temps-là il n'y avait pas de métro, ni de malappris, ni de malotrus, ni de malotro! et puis, après, je ne vous en veux pas, vous êtes plus bête que méchant! C'est de votre âge, il faut jeter sa gourme. Ah! mon Dieu! j'ai laissé tomber mon sac... voulez-vous m'aider à le retrouver?

> *La dame et le jeune homme plient les genoux de façon à descendre de face, comiquement, en gardant le buste droit pour chercher le sac; assis sur leurs talons, ils tâtonnent des deux mains, tout en continuant à regarder droit devant eux.*
>
> *A ce moment, on voit Elle sortir un billet de sa poche, griffonner quelque chose, passer le billet à son voisin et, en se penchant en avant, désigner Lui comme destinataire.*

ELLE

Faites passer, s'il vous plaît, au monsieur là-bas!

LA DAME OFFENSÉE MAIS PROVOCANTE

Mais n'en profitez pas pour être incorrect! Je ne le tolérerai pas... Tiens, voilà mon sac! Je n'en avais pas! C'est moi qui l'ai retrouvé. Merci, monsieur, vous êtes bien aimable. Mais qu'est-ce que vous attendez? qu'est-ce que vous attendez pour remonter à la surface? Au secours, j'étouffe! aidez-moi! *(Ils remontent ensemble comme ils sont descendus. Pendant ce temps, les voyageurs de droite se sont passé le billet de main en main, mécaniquement et sans sourciller.)* Ouf! J'allais me trouver mal! Naturellement, vous en auriez profité! Je parie que vous en auriez profité!

LUI, *poli mais glacial.*

Je m'excuse, madame, mais votre col de fourrure s'est déplacé; permettez-moi de passer de l'autre côté pour vous aider à le replacer.

Il effectue un mouvement tournant qui a pour résultat de lui faire échanger sa place contre celle de la dame. Il gagne ainsi un échelon. Pendant la manœuvre, la dame continue quelques instants son monologue.

LA DAME OFFENSÉE

Mais on n'est pas au bal, ici! Qu'est-ce que vous allez faire dans mon dos?... On se croirait au bal! Si nous faisions un deuxième tour de valse? Oh! monsieur, cette soirée est inoubliable! Et ces violons! Et ce champagne! Et ce clair de l...

Elle s'arrête brusquement, car elle vient de prendre sa nouvelle place à côté de l'amateur de journaux; elle redevient donc muette et anonyme.

LUI, *prenant le billet que vient de lui remettre sa voisine de droite et le lisant.*

« Puisque tu... » ... Puisque tu! *(Il cherche à comprendre, le sourcil froncé.)* Puisque... puisque... tu... puisque tu quoi? *(Cherchant à reconstituer la phrase.)* « Puisque tu... » ne me comprends pas... Puisque tu... ne m'as pas comprise... Puisque tu es injuste... je te dis adieu... Non, elle l'a déjà dit. *(Soudain rasséréné.)* Ah! j'ai trouvé! Puisque tu... as fait un effort pour me rejoindre, puisque tu... te rapproches..., je ne t'en veux plus. *(Écrivant hâtivement au dos du billet.)* « Puisque j'ai fait... la moitié du chemin... Est-ce bien cela?... ... Prière de... terminer... la phrase! » *(Remettant le billet à sa voisine.)* Télégramme!

> *Les personnages de droite se passent silencieusement et mécaniquement le billet, sans sortir de leur indifférence, jusqu'à ce que le dernier le remette à Elle.*

> ELLE, *lit le billet puis griffonne encore quelque chose dessus et le rend à son voisin.*

Pneumatique!

> LUI, *prenant le billet et le lisant.*

« Oui... je t'attends. » *(Il paraît content mais un peu déçu...)* Oui... je t'attends! Oui... je t'attends! *(A force de répéter ces mots il atteint une sorte de ravissement.)* Puisque tu... puisque tu... Oui, je t'attends! Puisque tu oui je t'attends! C'est clair! Puisque-tu-oui-je-t'attends! C'est merveilleux!

Le troisième obstacle à franchir

ou

l'ouvrier compréhensif

> *Lui, ayant retrouvé l'espoir, se tourne avec vivacité vers l'ouvrier, son nouveau voisin : il le dévisage un instant et lui frappe gentiment sur l'épaule.*

> LUI

Vous me connaissez, n'est-ce pas?

> *L'ouvrier pivote sur lui-même, c'est un homme encore jeune, au visage malin. Il porte en bandoulière un sac à outils.*

> L'OUVRIER

Je vous connais.

LUI

Vous habitez mon quartier?

L'OUVRIER

Votre quartier ou le mien, c'est certain. Une supposition que je sois venu réparer le robinet de votre cuisine!

LUI

Ah, vous voyez, c'était bien vous!

L'OUVRIER, *riant.*

Tous les mêmes, les clients! Vous êtes pas seulement fichus de voir quelle binette nous avons quand nous travaillons pour vous.

LUI, *se défendant.*

Je vous demande pardon!

L'OUVRIER

Tandis que nous autres, eh bien! on se prive pas de vous observer. Tenez, je sais que la petite dame, elle est pas toujours commode.

LUI

Ah! Vous *nous* connaissez!

L'OUVRIER

D'abord, je vous ai vus passer tout à l'heure. Elle vous aime, s'pas?

LUI, *avec feu.*

Oui, j'en suis sûr! *(Se reprenant.)* Du moins, je le croyais...

L'OUVRIER

Faites pas l'imbécile. Vous savez bien qu'elle vous aime

comme seules les femmes... et cœtera et cœtera! Sûrement plus que vous ne l'aimez vous-même!

LUI, *avec un sursaut.*

Ne dites pas ça!

L'OUVRIER

En tout cas, autrement.

LUI

Alors, puisque vous savez tant de choses, dites-moi ce qui lui a pris tout à l'heure?

L'OUVRIER

Peut-être bien que vous lui parliez avec des mots...

LUI

Comment cela? Et elle?

L'OUVRIER

Elle? Elle vous répondait avec des mots qui sont pas des mots.

LUI

Les mots sont des mots.

L'OUVRIER

Il y a mots et mots : les siens et les vôtres. C'est pas les mêmes!

LUI

Vous allez m'empêcher de lui parler?

L'OUVRIER

Ça serait pas plus mal.

LUI, *après avoir réfléchi.*

Mais comment lui dire?...

L'OUVRIER

Oh! les mots, c'est pas des mots, c'est des choses. Quand on dit un tuyau, cela veut dire un tuyau; quand on dit un marteau-pilon, aussi; et quand on dit un pied broyé ou une main déchirée! Ça dit ce que ça veut dire. *(Changeant de ton.)* Dites donc, y a mon sac à outils qu'a glissé, vous voulez pas m'aider à le replacer sur mon épaule?

LUI

Bien volontiers, puisqu'un sac à outils, cela veut dire...

L'OUVRIER, *riant.*

Ça veut dire : un service rendu... *(Clignant de l'œil malicieusement.)* Vous n'avez qu'à tourner autour de moi, ça sera plus commode...

Lui échange sa place avec l'ouvrier.

Le quatrième obstacle à franchir

ou

la star imaginaire

Lui adresse la parole à sa nouvelle voisine, jeune fille très simplement vêtue. Elle pivotera, puis s'animera, puis répondra selon la progression des titres que lui décernera Lui.

LUI

Hé, mam'selle?... *(Pas de réponse.)* ... Hé, ma petite demoiselle?... *(La jeune fille pivote et se montre de face.)* ...Pardon, mademoiselle?... *(Elle se tait.)* Dites donc, madame?... *(Elle paraît s'animer.)* ... Excusez-moi, madame, mais...? *(Elle le regarde.)* ... Chère et illustre amie! Quoi! vous ici!

LA STAR IMAGINAIRE, *contrefaisant
une vedette prétentieuse, qui bat des cils
et accentue exagérément les syllabes.*

Mais oui, mon cher, moi-même!

LUI

Et moi qui vous ai tant cherchée ailleurs! Si j'avais su que vous fussiez ici!

Il tire de sa poche un calepin et un crayon et contrefait un reporter de grand journal en train d'interviewer une « personnalité ».

LA STAR

Je suis toujours là où je me trouve, je vous le dis en passant, mon cher : c'est le plus sûr moyen de me rencontrer.

LUI

Bon, bon, bon. A l'avenir, je saurai où vous atteindre... Si vous profitiez de cette rencontre pour me donner vos impressions sur...

LA STAR

Je n'ai pas d'impressions.

LUI

Sans doute... sans doute... Cependant, je voulais vous parler de votre prochain film...

LA STAR

Mon prochain film? Je n'y suis pas!

LUI

Comment cela?

LA STAR

J'ai préféré donner simplement mon nom. Cela suffit. Je suis sur l'affiche. Ça vaut déjà quelques millions. Alors, tout le monde viendra pour me voir et...

LUI

Et vous n'y serez pas!

LA STAR

Et je n'y serai pas!... C'est une publicité folle!... la publicité par l'absence!... Ce sera merveilleux, merveeeeeil-leux! *(Changeant de ton, et désignant à voix basse le mannequin qui se trouve après l'ouvrier.)* Est-ce qu'il a l'air épaté, le type?

LUI, *après un coup d'œil vers le mannequin.*

Il n'a pas l'air de comprendre grand-chose... *(Reprenant son rôle de reporter.)* Et où étiez-vous, chère et illustre amie, où étiez-vous tout à l'heure, là où vous étiez, avant d'être ici, où vous êtes?

LA STAR

Figurez-vous que je déjeunais, mon cher, oui, il m'arrive de déjeuner... Je lunchais, j'aime beaucoup luncher...

LUI, *faisant toujours semblant de noter sur un calepin, moitié comme un reporter qui interviewe une personnalité, moitié comme un maître d'hôtel qui prend la commande.*

Et le menu?

LA STAR, *entrant dans son jeu.*

Voyons!... D'abord des hors-d'œuvre : écrevettes, navettes, poivrières, carons, pâtés-de-tête-de-chef-indien, salade de bacilles, mandolines frites...

LUI, *entré tout à fait dans son rôle de maître d'hôtel.*

Non, madame, je regrette, nous n'avons plus de mandolines frites.

LA STAR

Oh! comme c'est contrariant! Alors, quittons les hors-d'œuvre et entrons dans les entrées. Voyons : longe de cheval de trait à l'écuyère...

LUI, *continuant à noter.*

Je signalerai à Madame que nous avons d'excellents pendules de Chevreul...

LA STAR

C'est bon, ça?

LUI, *reprenant soudain un ton naturel.*

Vous, en fait de lunch, où déjeunez-vous?

LA STAR, *riant et redevenant elle-même.*

J'achète des choses... des fois un œuf, des fois un sandwich, un gâteau, une banane... J'ai pas le temps!... *(Voyant qu'il continue à noter.)* Eh, dites, c'est pas la peine de noter tout ça!... On ne joue plus!

LUI

On joue quand même...

ELLE, *très simplement.*

Je suis couturière à la journée.

LUI

Vous vivez seule?

LA STAR

J'élève mon petit frère.

LUI, *désignant le mannequin.*

Le type, qui est-ce?

LA STAR

C'est un salaud, il m'a plaquée.

LUI

Ça aurait peut-être été bien de lui faire croire que vous étiez devenue une vedette de cinéma!...

A ce moment, à l'autre bout du compartiment, Elle se penche, voit Lui en conversation avec la jeune femme, griffonne encore à la hâte un billet et le fait passer.

LA STAR, *remettant le billet à Lui.*

Allons, bon! Encore un pneu de votre amie! Quelle écrivassière!

LUI, *lisant.*

« Vois tout. Stop. Conversation assez duré. Stop. »

LA STAR

Elle est jalouse, hein?

LUI, *écrivant la réponse au dos du même billet.*

« Si tu continues, stop, je descends prochaine. Stop. » *(A la star.)* Faites circuler!

LA STAR, *après avoir fait passer le billet à ses voisins.*

Maintenant!... vous devriez passer de l'autre côté! *(Regardant Lui avec gravité.)* On se serait quand même bien amusés, nous deux!

Pendant ce temps, elle a reçu et lu le billet. Elle hausse les épaules et rentre dans son mutisme, moitié agacée, moitié résignée.
Lui et la star échangent leurs places.

LUI, *essayant encore, pendant ce mouvement,*
de parler à sa voisine.

C'est sûr! Il y avait entre vous et... mais pourquoi est-ce

que je vous parle au passé? (Le « mouvement tournant » étant terminé, il s'aperçoit, pendant qu'il lui parle, que la jeune fille est redevenue « anonyme » et muette. Avec une pointe de mélancolie.) C'est trop tard!...

Le cinquième obstacle à franchir
ou
le « protecteur »

Devenu le voisin du « protecteur », il s'adresse à lui avec une colère contenue. Bien entendu, le « protecteur » ne répond rien et garde l'œil fixe, puisqu'il n'est autre qu'un mannequin.

LUI, *à voix basse d'abord, mais comme s'il s'adressait à une personne vivante.*

Vous n'avez pas de regrets? Non?... Pas de scrupules de conscience?... Pas de honte d'avoir abandonné *(Désignant la star imaginaire.)* cette petite!... Mais enfin, répondez, on vous parle! *(Élevant la voix.)* Je vous parle, monsieur! Répondez! Est-ce que vous allez continuer longtemps à regarder ailleurs? Comme si la question ne vous concernait pas!... Mais vous êtes un insolent, monsieur! Je suis ici, à côté de vous. Nous parlons d'homme à homme!... Oh, n'ayez crainte, chacun est libre de ses mouvements et je ne vous connais pas! Je n'ai donc pas le droit de vous faire des reproches!... Ce que je voudrais, voyez-vous, c'est que vous m'expliquiez, simplement... disons : votre point de vue!... Allons, dites : la raison?... Qu'est-ce qu'il y a là?... *(Il désigne le front du mannequin.)* Expliquez-vous!... J'attends!... Je vous écoute!... Pouvez pas ouvrir la bouche, non?... On se tait?... On fait son petit mystérieux, son petit lointain, son petit univers?... Facile, hein, pour le traître, pour l'assassin!... Personne! Pas un geste! Pas un cri! Le cri c'est pour les autres, n'est-ce pas?... Décidément, vous êtes du côté du silence, vous êtes de ceux qui n'ont que l'apparence humaine! Inutile d'insister! Allons, laissez-moi passer! Égoïste! Mufle! Lâche! Crapule! Société limitée! Responsabilité anonyme!... Ah! je ne sais pas ce qui me retient!...

Il empoigne le mannequin et change de place avec lui.

Le sixième obstacle à franchir
ou
l'individu-en-train-de-fondre-dans-la-foule

Ce personnage est, par son visage et par son costume, aussi banal que possible, mais sa voix haletante, son débit haché et précipité exprimeront une angoisse terrible, comme s'il était déjà léché par les flammes de l'Enfer. Aussitôt que Lui s'est trouvé à ses côtés, le personnage s'est mis à trembler de tous ses membres. Il paraît en proie à une fièvre intense qui le secoue des pieds à la tête et lui tient lieu de mouvements.

LUI

Vous êtes souffrant?

L'INDIVIDU-EN-TRAIN-DE-FONDRE-DANS-LA-FOULE

Ne me touchez pas!... Ne m'approchez pas!... Je suis menacé! Je brûle!

LUI, *alarmé.*

Que vous arrive-t-il?

L'INDIVIDU, *claquant des dents.*

La... pire... chose!

LUI

Voulez-vous que je demande s'il y a un médecin ici?

L'INDIVIDU, *riant d'un rire atroce, forcé.*

Un médecin! Ha! ha! ha!... Il n'existe pas de médecin... pour un mal aussi abominable!

LUI

Quel mal?

L'INDIVIDU

Il n'a pas de nom!... Pas encore de nom!... Mais je brûle!

Je suis entouré de cette brûlure!... Elle rôde autour de moi!... Elle lèche déjà mes vêtements!

LUI

Vous êtes malade? Vous craignez de mourir?

L'INDIVIDU, *de plus en plus fébrile.*

Non, pas mourir!... Non, pas malade!... Pire que cela! Il y a quelque chose d'absent, de vide, d'anonyme qui tourne, tourne, tourne autour de moi! En moi! Je vais disparaître! D'un instant à l'autre! Dis-pa-raî-tre!... Vous ne comprenez donc pas?

LUI

Comment disparaître sans mourir?

L'INDIVIDU, *avec un nouveau rire atroce.*

Ha! ha! ha! Mais il y a cent mille façons de disparaître sans mourir! Quand un morceau de glace fond au soleil, est-ce qu'il meurt?

LUI

Façons de parler!...

L'INDIVIDU

Non, monsieur, non! Pas mourir : disparaître! Fondre, si vous préférez. Fondre! Se confondre avec l'air, avec le sol, avec les autres, surtout! *(Criant.)* Avec les autres! Les autres! Tous! Tous ceux-là! *(Reprenant un ton plus bas.)* Tenez, monsieur : regardez-moi bien. Vous me voyez encore, vous croyez que je suis monsieur Untel? Monsieur Untel? Né à tel endroit? Qui a tel âge? Tel métier?... Eh bien, regardez-moi attentivement, monsieur : je suis en train de devenir per-sonne, même pas un numéro, une idée, une abstraction, une petite vapeur, un pfouh, un pouh-pouh! un pfuit! un zzzzzzz!... J'étais un « individu », un « citoyen », je m'appelais : Mon-sieur... heu... heu... Ah!... Monsieur comment? Comment donc!... *(Pris de panique.)* Vous voyez, je ne peux même plus retrouver mon nom, le nom de ce... quidam! Je, tu, il, moi, lui, vous, untel!... Oh, oh, c'est le symptôme! C'est ça! Voilà la crise! la crise finale! Je vais disparaître, je vous le dis, je vais disparaître!... Je vais *dis-pa-raî-tre dans la foule!*... Regardez-moi encore une fois : dans un instant, pfuitttt!... j'aurai disparu dans la foule, entendez-vous? *(Hurlant.)* Dis-pa-ru... disparuuuuuuu!...

> *Le personnage, en effet, se glissant entre les mannequins qui sont derrière lui, paraît avoir été englouti par eux.*
>
> *Pendant ce temps, Elle qui, jusque-là, était restée seule vivante dans son coin, est devenue de plus en plus figée, de plus en plus immobile, comme si elle avait été gagnée par le démon d'anéantissement, d'irréalité et d'anonymat qui vient d'emporter son voisin. (Peut-être même a-t-elle insensiblement pivoté, de façon à tourner le dos au public.) Lorsque Lui lui parlera, elle re-pivotera et se montrera, d'abord absente, puis désensorcelée par le coup de sifflet.*
>
> *Après un court instant de silence, Lui se penche vers Elle, mais sans oser franchir l'étroit espace qui les sépare.*

LUI, d'une voix infiniment douce.

Je suis près de toi!... Je suis là, près de toi... Écoute-moi... Réponds-moi!...

ELLE, avec une voix de songe, sans tourner la tête,
l'œil fixe, comme envoûtée.

Qui êtes-vous? Je vous entends de si loin!

LUI

J'arrive! J'arrive! Reconnais-moi!

ELLE

Je ne vous connais pas, monsieur!...

LUI

Je suis venu jusqu'ici... Souviens-toi : le multiplicande! Le multiplicateur! La multiplication!

ELLE, *avec effort, sur le ton d'une petite fille triste
qui répète sa leçon.*

Un... multiplié par zéro... égale zéro!...

LUI

Sors de ce cauchemar! Rappelle-toi! Pour te retrouver, je viens de « les » passer, l'un après l'autre!...

ELLE

Les autres?... C'est moi.

LUI

Mais non! Il y a toi, il y a moi, au milieu d'autres « moi » et d'autres « toi ».

ELLE

Je ne comprends pas... J'ai peur!

LUI

Ressaisis-toi, mon amour. Tu sais bien qui je suis, qui tu es!

ELLE

Je ne suis rien; vous n'êtes rien; il n'y a personne.

LUI

Donne-moi la main pour me reconnaître.

ELLE, *au comble de la terreur.*

N'approchez pas! Le désert!... Le feu!

LUI

Où es-tu?

ELLE, *criant.*

Je disparais!...

LUI

Mais tu m'as attendu!

ELLE

Alors, adieu, si vous m'avez connue autrefois!
*Un coup de sifflet retentit. Les personnages se heurtent
les uns les autres, bousculés par l'arrêt brusque de la rame.*

LUI, *franchissant d'un bond le court espace
qui le sépare d'Elle.*

Où étais-tu, mon amour? J'étais là...

ELLE, *s'étirant.*

J'ai dû dormir. Je rêvais. Je ne savais plus qui j'étais.

LUI, *plein de sollicitude.*

Et maintenant?

ELLE, *lui souriant.*

Je te regarde et je me reconnais : je suis, puisque tu es.

LUI

L'homme est visible de près. Chacun pour chacun!

ELLE, *riant.*

Chacun sa chacune!

*Les voyageurs, désensorcelés, descendent et se dispersent
avec précipitation.
Lui et Elle descendent en se tenant la main. Le rideau
se referme. Lui et Elle passent lentement devant le rideau,
toujours en se tenant par la main, comme au début.*

LUI, *sur le même rythme de valse qu'au début.*

Un, deux, anonyme.

ELLE

Un, deux, trois, abîme.

LUI

Un, deux, trois, connaître.

ELLE

Un, deux, trois, renaître.

LUI

Un, deux, trois, amour.

ELLE

Un, deux, trois, toujours...

Ils disparaissent dans la coulisse.

Rideau

L'A.B.C. de notre vie

POÈME A JOUER
(1958)

A JACQUES POLIÉRI

AVANT-PROPOS

L'A.B.C. de notre vie *est un poème à jouer. Il est destiné à être réalisé avec les moyens du théâtre, mais sa structure formelle est inspirée de l'art musical : il est conçu comme un concerto. Un « protagoniste » joue le rôle de l'instrument concertant, cependant que les autres personnages — et principalement un chœur parlé d'une espèce particulière, — représentent la masse orchestrale.*

Quant à l'argument de l'œuvre, il consiste non pas en un sujet, mais, — comme en musique — en quelques thèmes, diversement associés, opposés ou entremêlés.

Il y a trois thèmes dominants : le premier souligne l'illusion fondamentale et en quelque sorte vitale, que nourrit chacun de nous, de constituer une entité distincte do l'ensemble de la société. Le chœur, par sa répétition lancinante des mêmes paroles, est là pour rappeler à l'homme seul qu'il n'en est rien et pour lui faire prendre conscience de la pression qu'exerce à tout moment sur lui le monde humain, dans le temps et dans l'espace, dans les profondeurs lointaines du passé historique, aussi bien que dans le moment immédiat, étendu à tout l'univers.

Le second thème exprime le pouvoir que seul possède l'amour, de nier ce passé et cette présence et de créer le splendide isolement du couple, par l'obéissance végétale à un principe de recommencement, tout ensemble fugitif et éternel.

Ce thème conduit au troisième, dont l'affirmation clôt l'ouvrage, en dégageant le commentaire perpétuel de l'homme par l'homme, — commentaire représenté ici par le chœur, mais aussi par deux personnes semi-burlesques qui incarnent en quelque sorte les pages du dictionnaire, réduit, par goût de la contrainte, aux premières lettres de l'alphabet (méthode inspirée, toutes réserves faites, des prédéterminations de la musique « sérielle »).

Ce bourdonnement incessant des paroles, qui accompagne toute l'activité humaine, apparaît finalement comme égal — en grandeur et en vanité — aux puissantes rumeurs naturelles : le souffle du vent dans la forêt, le bruit de la mer.

PERSONNAGES

Quatre choristes hommes et quatre choristes femmes (ou davantage si possible).

Les uns et les autres choisis pour la diversité de leurs voix, de façon que les principales tessitures vocales — du grave à l'aigu — soient représentées dans le chœur.

MONSIEUR MOT.

Voix claire, mais masculine (baryton léger par exemple).

MADAME PAROLE.

Voix musicale, claire et chantante, très féminine (soprano).

LE PROTAGONISTE.

Voix « selon les cas », pourvu que l'acteur (jeune de préférence) qui tient ce rôle ait une personnalité, de l'accent, de l'autorité, en même temps qu'un certain « charme » simple, presque faubourien.

Le protagoniste est « l'homme de tous les jours » — peut-être un employé, peut-être un ouvrier — qui va vivre devant nous sa journée de congé.

NOTA. — *Si on ne peut « puiser » dans le chœur les acteurs incarnant le Criminel et les Amoureux, ce seront trois acteurs supplémentaires : un homme trapu et sombre, un jeune homme et une jeune fille.*

REMARQUES

LE CHŒUR

Les textes placés dans la bouche du chœur ne sont jamais dits simultanément ou « à l'unisson », ni scandés à la manière des « chœurs parlés » habituels. Lorsque tous parlent en même temps, ce n'est qu'un murmure plus ou moins fort, voire un brouhaha, mais le texte est toujours indistinct. De ce fond indistinct se détachent alors des paroles distinctes, mais ces paroles sont toujours dites successivement, par des voix différentes, une seule à la fois, tantôt l'une, tantôt l'autre, — jamais plusieurs ensemble. Outre le fond (murmure ou brouhaha) indistinct, c'est la succession plus ou moins rapide des voix séparées, prononçant des paroles distinctes, qui doit donner l'impression chorale.

MONSIEUR MOT, MADAME PAROLE

Les deux personnages ainsi appelés prononcent les mots du dictionnaire avec le maximum d'impersonnalité —, ce qui ne veut pas dire sans accent et sans nuances. J'entends par là que, pour eux, les mots sont plutôt des notes de musique ou des touches de couleur que des vocables. Les deux personnages jouent, souvent, un rôle burlesque et sont, en général, à mi-chemin entre le sérieux et l'humour.

LE PROTAGONISTE

Celui-ci doit, pour l'interprétation, se laisser aller à son inspiration propre, à son tempérament, de façon à donner au texte le maximum de pouvoir persuasif (sans « éloquence » vaine), en laissant toujours pressentir d'autres sens derrière ce qu'il dit, ou en donnant l'impression que celui qui parle a en lui une grande richesse de ressources, d'expérience vécue, de souvenirs et d'intentions. Au demeurant, il doit jouer très « décontracté », tantôt nonchalant, « les mains dans les poches », tantôt ému ou passionné.

LE DÉCOR

On peut concevoir qu'il n'y ait pas de décor ou qu'il n'y ait qu'un simple rideau, animé par divers éclairages colorés.

Mais on peut aussi imaginer un décor qui, sans être totalement abstrait, soit la synthèse d'une ville, vue à la fois à l'extérieur et à l'intérieur des habitations. Il faut donc des rues, des places publiques, des avenues, tout le désordre puissant et pathétique d'une grande cité qui a poussé au hasard et s'est échafaudée de siècle en siècle. Il faut des immeubles énormes, entassés les uns au-dessus des autres, comme il arrive dans un quartier construit sur une colline abrupte, des fenêtres proches ou lointaines, éteintes ou éclairées, mais il faut aussi quelque chose qui fasse penser à l'envers de ce décor, à l'intérieur des logements, en général étroits, pauvres et désespérément identiques.

Au fond de la scène — qui doit être assez spacieuse pour permettre une évolution aisée des personnages — s'élèvent des praticables, avec trois ou quatre marches profondes, en nombre inégal (par exemple, trois à gauche et quatre à droite), aboutissant à un deuxième plan où plusieurs personnages puissent se tenir ensemble et évoluer, le tout pour traduire divers effets, selon le déroulement du poème, avec différents plans sonores et visuels.

L'éclairage sera varié, riche, tantôt fixe, tantôt mouvant, comme dans les rues à circulation intense. Ne pas abuser toutefois des effets (trop souvent utilisés au cinéma) de publicité lumineuse. Même dans le mouvement des éclairages, tout doit être allusion et non « réalisme ».

L'A.B.C. DE NOTRE VIE

a été créé le 30 mai 1959
au Théâtre de l'Alliance Française
avec la distribution suivante :

LE PROTAGONISTE . . . . Georges *Aubert*
PREMIÈRE FEMME RÊVANT. . . . . *Brigitte Cormier*
DEUXIÈME FEMME RÊVANT . . . . *Alice Sapritch*
TROISIÈME FEMME . . . . *Solange Sicard*
QUATRIÈME FEMME. . . . . *Huguette Cléry*
PREMIER HOMME RÊVANT . . . . *Jean Filliez*
DEUXIÈME HOMME RÊVANT . . . . *Jacques Couturier*
TROISIÈME HOMME . . . . *Roger Montsoret*
QUATRIÈME HOMME. . . . . *Jean Pommier*
MONSIEUR MOT. . . . . *Pierre Frag*
MADAME PAROLE. . . . . *Monique Delaroche*
LE JEUNE HOMME . . . . *Jean-Loup Philippe*
LA JEUNE FILLE. . . . . *Claudine Huzé*

Le texte du lecteur était dit par Jacques Poliéri
Peintures projetées de Vieira da Silva
Citations musicales extraites de l'œuvre de Anton Webern
Mise en scène de Jacques Poliéri.

PROLOGUE

Après une courte ouverture musicale, devant le rideau tiré, sur lequel est projetée l'image de la grande ville, un lecteur — ou le metteur en scène —, éclairé par la lumière d'un projecteur, s'avance au milieu du plateau et lit le prologue.

LE LECTEUR, *sur
un ton très simple.*

Ici va commencer la sympho-
nie de la grande ville,
symphonie sans musique, faite
de paroles, de cris, de mur-
mures.
Ici, avant que le jour ne se
lève,
les citadins endormis jouent
leurs songes confus.
Un homme parmi tant d'au-
tres va lentement s'éveiller.
Il veut retrouver son rêve
d'enfant : la liberté dans le
vent, les arbres, la mer...
Mais la rumeur énorme de la
ville
ne le laisse pas s'évader. Le
voilà
repris par l'implacable mul-
titude,

enchaîné à l'Histoire, à l'évé-
   nement,
à ce qu'il n'a pas connu, à
   ce qui se passe loin de lui.
Seul l'amour recommence,
   oublieux et neuf
comme au premier jour du
   monde...

Un bref silence.

... Non, l'homme n'échappe
   pas à l'homme,
il est son propre paysage
et le murmure qui l'endort,
après tant de tumulte et de
   tourments,
est son propre murmure,
   l'océan des paroles,
monotone et privé de sens
comme le bruit du vent dans
   la forêt.

*Le lecteur se retire. Le
rideau reste un instant baissé
et déjà l'on entend le mur-
mure indistinct du chœur.*
*Puis le rideau se lève lente-
ment.*

Au lever du rideau, la scène est plongée dans la pénombre. La lumière montera peu à peu, juste pour que l'on distingue les groupes et le décor.

Les choristes sont assis à gauche, sur deux ou trois rangs, au pied des marches. Le protagoniste est étendu au premier plan à droite, sur une sorte de bat-flanc, presque un banc, très simple.

LE CHŒUR *fait entendre un murmure — absolument indis- tinct — qui tantôt s'accroît, tantôt décroît.*

Le protagoniste se lève lentement de sa couche et s'avance vers le devant de la scène, les yeux à demi fermés, les mains en avant, comme un somnambule.

LE PROTAGONISTE

Je suis le personnage qui
    parle.
Je suis encore enfoui dans
    mon sommeil.
Tout à l'heure, je m'éveillerai,
    mais en ce moment,

je dors, je suis emprisonné
dans mes rêves.

Un temps.

*Le murmure du chœur a
un rapide crescendo, comme
une vague qui se soulève.*

Il me semble...

Un temps.

Il me semble entendre un
  long murmure,
la forêt qui gémit quand le
  vent souffle,
les vagues de la mer qui s'ap-
  prochent, puis se retirent...

Un temps.

Murmure bas.

Suis-je au milieu de ton peuple,
forêt de mon enfance?
Maintenant que le rêve nous
  rapproche,
répondras-tu enfin? Ta voix
  que depuis tant d'années
j'interroge dans ma mémoire,
va-t-elle enfin me livrer son
  secret?

*Le murmure du chœur
s'élève à nouveau. Tout à
coup, un cri strident, —
un cri de femme, — s'en
échappe.*

On crie!
Non, ce n'est pas la voix des
  vagues ni des arbres.

*Sur le ton d'une sorte
de déception mêlée de rési-
gnation.*

Silence.

D'autres sommeils autour de
  moi murmurent ou crient.

Le murmure reprend.

J'entends la houle des rêves
innombrables

qui s'échappe sous les portes
  fermées.
Toute la ville dort,
toute la ville rêve
en même temps que moi.

*Le protagoniste va s'é-
tendre à nouveau sur son
lit, dans la pénombre.*

*Crescendo. Puis un nou-
veau cri, la même voix de
femme.*

*De la demi-obscurité où
est plongé le chœur, sort
une femme vêtue d'un vête-
ment simple, sans caractère
défini, mais qui, par ses
gestes et par sa démarche,
doit signifier qu'elle est plon-
gée en plein cauchemar.*

*Un projecteur, qui la rend
presque blafarde, la suit pen-
dant qu'elle se déplace lente-
ment vers le devant de la
scène. Pendant ce temps, le
murmure du chœur s'arrête.*

PREMIÈRE FEMME RÊVANT,
*elle a les yeux fermés et fait
de grands gestes tragiques.*

Approchez-vous!... Tous!...
Arrêtez-vous!... A l'occident,
le soleil du soir rougit les
colonnes du temple... A l'o-
rient, la lune luit sur le toit
des usines... Entendez gronder
les nuages dans les souter-
rains!... Le lion monte sur les
marches — et le serpent le
suit, couvert de pierreries...

La foule se prosterne... Elle murmure avec adoration... Puis le silence! Chut! J'entends venir la flûte des bergers... Tout s'efface... Voici la savane déserte... où un vieillard que je connais bien... à la lueur des étoiles... lit des livres immenses, hauts comme des maisons... Je te rejoins, mon père... Plus de hâte!... Le temps s'est arrêté! Plus de hâte!...

Elle s'éloigne lentement comme elle est venue et rejoint le chœur. Le murmure de celui-ci reprend. Cette fois, on distingue les paroles, dites par des voix successives.

LE CHŒUR, *à voix d'abord très basse.*

Je t'attendais... et tu n'es pas venu! Je t'attendais... et tu n'es pas venu! Je t'attendais et tu n'es pas venu! Je t'attendais! Je t'attendais! Je t'attendais — et tu n'es pas venu. Tu n'es pas venu! Tu n'es pas venu! Je t'attendais et tu n'es pas venu! Je t'attendais, je t'attendais, et tu n'es pas venu! Tu n'es pas venu! Tu n'es pas venu! Tu n'es pas venu!

Le murmure redevient peu à peu indistinct. De nouveau un cri, le même que tout à l'heure, mais encore plus strident. Aussitôt après, une autre femme, hagarde, essouf-flée, sort du Chœur et s'avance vers le devant de la scène.

DEUXIÈME FEMME RÊVANT, *elle arrive en courant. Un projecteur la suit et la découpe dans l'ombre.*

Les bêtes!... L'ennemi!... Ne me touchez pas!... Vous ne m'atteindrez pas! *(Criant et se débattant.)* Non! Non! Lâchez-moi! Lâchez-moi!... Ah!... le fleuve!... Vite, les rames!... Cachez-moi! Sauvée?... Sauvée, mais pourquoi, pourquoi? *(Elle fond en larmes.)* J'ai laissé le monde sur la rive! C'était la vie!... Jamais je n'y reviendrai! Jamais! Jamais! Jamais! Jamais plus!... Ici, tout s'efface, tout fuit, je ne vois plus rien... Retenez-moi! L'eau m'emporte!... Le sable! Le vent! L'espace! L'abî...î... îme!...

Elle rejoint le chœur en courant, comme si elle tombait dans un gouffre.
A ce moment, monsieur Mot et madame Parole surgissent, rendus visibles par une légère touche de lumière, à chaque extrémité de la deuxième marche, l'un à droite, l'autre à gauche. Ils

*s'étendent à demi, dans une
pose de sommeil, et pro-
noncent des mots incohérents
qui symbolisent le rêve.*

MONSIEUR MOT

Armures! Bandits! Cara-
vanes! Clameurs!

MADAME PAROLE

Anneaux! Bijoux! Buis-
sons! Cerises!

MONSIEUR MOT

Aboiement! Abandon! Abo-
lition! Bombardement!

MADAME PAROLE

Aumône! Abeille! Ciseaux!
Cadran!

MONSIEUR MOT

Caves! Cratères! Chevaux!
Cathédrales!

MADAME PAROLE

Billets! Baisers! Batailles!
Caresses!

LE CHŒUR, *d'abord indistinct,
puis les paroles distinctes se
détachent de nouveau sur le
murmure indistinct.*

Je t'attendais et tu n'es pas
venu! Je t'attendais et tu n'es
pas venu! Je t'attendais, je

t'attendais et tu n'es pas
venu! Pas venu! Je t'atten-
dais et tu n'es pas venu !

*Le murmure redevient
indistinct.*

LE PROTAGONISTE, *étendu,*
toujours dormant et rêvant.

Forêt!...

Un temps.

Forêt!... Forêt!... Soupire et
    gémis,
forêt de mon enfance!
Je reviens, endors-moi dans
    ton murmure
qui va jusqu'à la mer...
Je t'écoute, souffle apaisé!
Pas de mots, pas de paroles!
Je ne sais pas non plus parler.
Je ne suis qu'un murmure égal
    à ton murmure...

Murmure bas.

LE CHŒUR
redevient distinct.
Je t'attendais et tu n'es pas
venu! Je t'attendais et tu n'es
pas venue! Je t'attendais et tu
n'es pas venu! Je t'attendais!
Je t'attendais! Je t'attendais!...

*Le murmure du chœur
redevient indistinct.*
Un homme — un rê-
veur —, se détache du chœur.
Il a l'air décidé et marche fa-
rouchement de long en large,
sur le devant de la scène, avec
des allures de conducteur de

*peuples. Un projecteur le
suit.*

PREMIER HOMME RÊVANT,
*d'abord dur, autoritaire, puis
exalté, délirant.*

A l'aube! Oui, à l'aube,
nous partirons! Avant que l'on
sache!... Nous roulerons sans
bruit!... Au premier soleil, nous
y serons... Les uns attaque-
ront, les autres creuseront. Les
uns puiseront, les autres bâti-
ront. Nous bombarderons les
villes anciennes, puis nous
pleurerons sur les ruines. Nous
aurons des enfants, nous les
tuerons et nous les enterrerons
avec beaucoup d'honneurs!...
Je ferai bondir les chevaux
plus haut, plus vite que les
aigles!... Je m'envolerai!... Je
m'envole!... Je fais le tour de
la terre... Trois fois!... Trois
fois on m'acclame! Hurrah!...
Trois fois je meurs! Trois fois
je ressuscite! Je change le nom
des couleurs!... La musique ré-
sonne dans nos verres : buvons
à la gloire du jour!... Mais...
à mon commandement, tout
s'arrête! Tout! La cendre
tombe sur le monde! La pous-
sière nous ensevelit!... Comme
des graines plantées en terre,
nous sommes comme des
graines... comme des graines!...
attendant le réveil!...

*Un temps. Le rêveur re-
tourne dans le chœur. A peine
a-t-il rejoint sa place, qu'un
autre rêveur sort du groupe.
Il marche les bras en avant
comme un aveugle et, d'une
façon saccadée, presque à
chaque pas, fait le geste d'ou-
vrir des portes.*

DEUXIÈME HOMME RÊVANT

Une porte!... Une autre
porte!... Une autre!... Deux!
Trois! Cinq portes!... Toujours
des portes!... Devant moi, der-
rière moi, à droite, à gauche,
tout se referme!... Où aller?...
(Appelant.) Hé, l'homme!...
Hé, dites-moi!... Il ne répond
pas, ne bouge pas! Tout droit,
tout blanc; une statue?... La
statue s'anime, s'avance!...
Voilà qu'elle vacille, tombe en
poudre!... Et moi, qu'est-ce
que je suis : *La même statue!...*
Je suis menacé, menacé!...
Mais quelle musique gaie *(il
prononce le mot « gaie » avec
une infinie tristesse)*, gaie, gaie,
résonne au-delà des murailles!
L'orgue de Barbarie passe
dans la rue. Conduit par un
pauvre aveugle... Les digni-
taires le saluent : « Excel-
lence! Excellence!... » C'est
moi l'aveugle. Ma fiancée aux
cheveux gris, couverte de hail-
lons, une couronne sur la tête,
est pendue à mon bras. Elle

murmure à mon oreille : « Les territoires sont couverts de givre! Les territoires sont couverts de givre! »

Le deuxième rêveur va, dignement, rejoindre le chœur. Aussitôt, celui-ci commence un nouveau murmure indistinct, d'abord très bas, à peine audible, puis de plus en plus fort, où l'on distingue toujours les mêmes paroles : « Je t'attendais et tu n'es pas venue. »

Puis le murmure redevient indistinct et, tandis qu'il continue, chaque choriste, à tour de rôle, va prononcer, à voix très distincte et avec les intonations les plus variées, mais sur le ton du rêve, une courte phrase. Les éléments parlés doivent se succéder très rapidement, de plus en plus rapidement et exprimer le caractère à la fois décousu, chaotique et obsessionnel des rêves.

CHORISTE HOMME,
tragiquement,
avec précipitation.

L'incendie a commencé!

CHORISTE FEMME,
sur un ton très naturel.

Elle n'a rien voulu me dire...

CHORISTE HOMME, *avec une
sorte de contentement.*

C'est une belle saison!

CHORISTE HOMME, *criant
à tue-tête.*

J'étouffe!... Ouvrez donc les
fenêtres!

CHORISTE FEMME, *éclatant
de rire.*

Je... Je ne vous reconnais-
sais pas!... Ce manteau de
berger!...

CHORISTE HOMME,
*à la fois plein de colère
et d'épouvante.*

Sortez de là!... Je sais qui
vous êtes!... Montrez-vous, as-
sassins!

CHORISTE FEMME, *sur le ton
de la conversation la plus
banale.*

C'est curieux! J'avais posé
des fleurs sur ce banc — et je
retrouve un enfant mort! Je
me retourne : mon mari se met
à rire... à rire...

CHORISTE HOMME, *à voix haute,
comme annonçant une bonne
nouvelle à des gens situés loin
de lui.*

Les masques sont prêts!...
Vous pouvez appeler les musi-
ciens!

CHORISTE HOMME

Allons donc, puisque vous savez voler!... Vous voyez bien : on se penche en avant... On se penche... Regardez-moi...

CHORISTE FEMME, *reproche sombre.*

Je ne te comprendrai jamais, jamais, jamais...

CHORISTE HOMME, *aimable, donnant un renseignement.*

Non! Le train ne passe pas à cette gare... surtout au printemps!...

Il rit.

CHORISTE HOMME, *sévère.*

Qui est-ce qui se permet de chanter, ici?

CHORISTE FEMME, *sauvage, peut-être une amoureuse, peut-être une mère.*

Viens!... Viens vite!... Viens, je t'en prie!

CHORISTE HOMME, *sur le ton de la fierté.*

Oui, voici mon Navire! Dix étages! Bien sûr : l'eau s'est retirée...

CHORISTE FEMME, *la même
qu'une réplique plus haut.*

Reviens! Reviens! Je t'en
prie! Je t'en supplie!

CHORISTE HOMME, *hurlant.*

Frappe! Mais frappe donc!

CHORISTE FEMME

Je l'aime!

CHORISTE HOMME, *à voix
basse et haletante.*

Ouvrez!... Ouvrez tout de
suite!...

CHORISTE HOMME, *sur le ton
d'une découverte joyeuse.*

Tiens! Des excavations!

CHORISTE FEMME, *comme à
la fin d'une explication.*

Vous comprenez : une bles-
sure aussi terrible...

CHORISTE HOMME, *gentiment.*

J'irai : je vous le promets...

CHORISTE FEMME, *ton d'une
supplication angoissée.*

Est-ce qu'il guérira, dites?

CHORISTE HOMME,
découragement et désespoir.

Je n'en peux plus!... Tout
est fini, maintenant!

CHORISTE HOMME,
interrogatoire brutal.

Répondez! Sans hésiter!
Donnez les noms de vos cama-
rades!

CHORISTE HOMME, *émotion
et ravissement.*

Te voilà! Te voilà donc?

CHORISTE FEMME,
surmenage.

Jamais je n'aurai le temps!
Trop à faire!

CHORISTE HOMME, *recherche
joyeuse, pendant un jeu
innocent.*

Elle doit bien se cacher par
là!... Hé-ho... hé-ho!...

*Toutes ces interventions
isolées se fondent dans le
murmure général qui, d'abord
assez fort, peu à peu s'apaise
et s'arrête.
Un moment de silence.*

LE PROTAGONISTE, *dormant
et rêvant.*

Le silence!... La paix!...

Un temps.

Puisque la fin de la nuit est
si belle,
me voilà rassuré sur le sort
des hommes!

Un temps.

Je sortirai de la ville,
le cœur content.
Je serai seul tout le jour sans
  remords.
Je me défais du poids du
  monde!
Je ne sais pas ce qui s'est
  passé sur la terre
avant l'heure que voici!
Je ne sais pas ce qui se passe
  loin de moi en ce moment!
Je suis léger... léger...

Il bâille et s'étire.

Ah!... Léger!

Un temps.

Je cours sur le dos des vagues,
je fais jouer l'écume dans mes
  mains.

Un temps.

Du mouvement de l'eau sur-
  git une femme
d'une beauté surhumaine.
Elle glisse, elle vole sur la
  mer, elle vient vers moi.
C'est elle, Elle! qui me par-
  lait dans le murmure des
  arbres.
Je lui ouvre mes bras
qui ne la laisseront plus par-
  tir.

Le chœur a commencé à murmurer, sur de nouvelles paroles qui ne deviendront perceptibles que lorsque le protagoniste se sera tu.

*Un temps. Puis avec ravis-
sement.*

O murmure, ô voix céleste,
  loin des hommes,
murmure de l'eau, murmure
  de la joie...

Un temps, plus faiblement.

Murmures... secrets... de l'amour...

LE CHŒUR, sur un ton de reproche monotone et bas, voix d'hommes alternant avec voix de femmes.

Je t'avais dit... Tu m'avais dit...

Arrêt brusque. Un temps.

Je t'avais dit... Tu m'avais dit...

Nouvel arrêt brusque. Un temps.

Je t'avais dit... Tu m'avais dit...

Un temps. Un peu plus fort et un peu plus vite.

Je t'avais dit, tu m'avais dit.

Je t'avais dit, tu m'avais dit, je t'avais dit, tu m'avais dit...

Un temps, puis crescendo.

Je t'avais dit, tu m'avais dit, je t'avais dit, tu m'avais dit, je t'avais dit, tu m'avais dit... (Decrescendo.) Je t'avais dit, tu m'avais dit, je t'avais dit, tu m'avais dit, je t'avais dit, tu m'avais dit...

La lumière du jour commence à filtrer, par quelques rayons obliques.

Le murmure du chœur s'apaise et redevient indistinct et léger pendant l'in-

*tervention de monsieur Mot
et de madame Parole.*

*Ceux-ci, sur un ton semi-
poétique, semi-burlesque, vont
se lancer et se relancer
quelques mots ni trop vite, ni
trop lentement, comme des
balles de tennis.*

MONSIEUR MOT

Aurore!

MADAME PAROLE

Appareillage!

MONSIEUR MOT

Avril!

MADAME PAROLE

Alliance!

MONSIEUR MOT

Armure!

MADAME PAROLE

Abordage!

MONSIEUR MOT

Aurore!

MADAME PAROLE

Avril!

Murmure du chœur.

*Pendant que le murmure
du chœur continue, la lu-
mière commence à grandir.*

*Un rayon de soleil levant
frappe le visage du prota-
goniste. Celui-ci se réveille,
se frotte les yeux et se sou-
lève, en s'appuyant sur son
coude.*

LE PROTAGONISTE

Cigales?... Cigales?

Le murmure du chœur s'arrête.

MONSIEUR MOT, *contrefaisant avec une certaine naïveté un écho prolongé.*
Cigales! Cigales! Cigales! Cigales! Cigales!

MONSIEUR MOT, *à sa partenaire, comme pour affirmer leur « bon droit », avec un doux entêtement.*

Aurore!... Appareillage!

MADAME PAROLE, *approuvant de la tête, comme si elle disait « Oui, naturellement ».*

Abordage!... Armure! *(Un temps, puis solennelle.)* A-ver-tis-se-ment! *(Un temps.)*

Il secoue la tête, comme pour chasser un bruit important.

Cigales à têtes d'hommes?...
Je n'ai jamais vu de cigales à têtes d'hommes...
Cigales! Cigales!... Cigales!...

LE PROTAGONISTE

Je parle.
Je dis ce que je veux.
Je fais des gestes.
Je me réveille.
Mais j'ai la tête encore pleine du bourdonnement de tous les rêves qui traînent dans la ville.

La lumière a, maintenant, envahi toute la scène.

LE PROTAGONISTE, *avec le plus grand naturel, comme s'il continuait un discours intérieur.*

Je n'ai jamais vu fabriquer les filins d'acier pour les navires...

Bâillant et s'étirant.

... Mais j'ai vu se déployer des voiles par temps clair!

Un temps. Il se lève à moitié et s'assied sur le bat-flanc.

... Je ne suis jamais entré dans les offices
où l'on mesure le temps qu'il fera...

MADAME PAROLE, *l'interrompant comme pour « traduire » ce qu'il vient de dire.*

Météo! Météo!

LE PROTAGONISTE, *avec ironie, à haute voix.*

Merci!...

A voix normale, continuant.

... Mais j'ai vu les nuages, à l'orient,
passer du noir au bleu sombre,
du bleu au gris pâle, au grès rose
— et la mer sans un murmure, sans un frisson,
mêlait l'opale et la perle au corail...

Un temps.

*Le murmure du chœur
reprend, d'abord indistinct,
puis les phrases se détachent.*

LE CHŒUR

Je t'avais dit, tu m'avais
dit, je t'avais dit, tu m'avais
dit, je t'avais dit, tu m'avais
dit...

*Le protagoniste se lève et
s'étire.*

LE PROTAGONISTE,
d'une voix forte.

*Le murmure redevient
indistinct et il continue, sous
les paroles du protagoniste.*

J'ai entendu claquer les volets
sur les murs,
les portes s'ouvrir
et je ne veux pas entendre le
reproche courroucé des voix
d'hommes
répondre au reproche aigu
des femmes
à travers les portes et les cor-
ridors...

*Le murmure redevient
plus fort. Les paroles rede-
viennent distinctes.*

*Il fait quelques pas, puis
s'arrête pour écouter.*

LE CHŒUR, *léger crescendo.*

Je t'avais dit, tu m'avais
dit, je t'avais dit... *(Decres-
cendo.)* Je t'avais dit, tu m'a-
vais dit, je t'avais dit...

A tous les étages, la journée
s'annonce par des repro-
ches :
« Tu aurais dû, tu n'aurais pas
dû... »
...ou par des conseils pour le
jour qui vient :
« Tu lui diras, je lui répondrai,
fais bien attention, prends
garde ! »

Un temps.

*Le murmure du chœur
continue, indistinct.*
*Le murmure s'arrête. Mon-
sieur Mot et madame Parole
s'assoient sur la dernière mar-*

*che, en haut du praticable de
droite.*

MONSIEUR MOT,
presque gaiement.

Allons!

MADAME PAROLE, *idem.*

Allez!

MONSIEUR MOT

Avancez!

MADAME PAROLE

Avançons!

*Le protagoniste s'est lissé
les cheveux, a rectifié sa
tenue défaite par le sommeil
et s'apprête à marcher.*

LE PROTAGONISTE

Voici mon premier pas.
Mon premier pas sur la terre
d'aujourd'hui...

*Il fait un premier pas
comme une démonstration de
danse rythmique ou de gym-
nastique. Puis il gravit les
marches et, arrivé en haut, se
retourne, face au public.*

J'ouvre les volets...

*Il fait mine d'ouvrir les
volets. Tous les gestes qui
suivent, il les exécute sym-
boliquement, comme les ac-
teurs du Théâtre Chinois.*

Je respire à pleins poumons...

Geste. Bras étendus.

Je regarde au loin...

*Le paysage est tranquille.
Tout y est, côte à côte,
comme dans les images d'un
livre de classe.*

*Il désigne successivement
les diverses parties d'un pay-
sage et d'un horizon imagi-
naires, sorte de synthèse géo-
graphique.*

Ici la ville, ici les banlieues,
les buildings...

*Monsieur Mot et madame
Parole l'interrompent brus-
quement, comme si, ayant
failli manquer une réplique,
ils se bousculaient pour le
rattraper.*

MONSIEUR MOT, *soulignant
comiquement la première
lettre : B.*

B...anlieue!

MADAME PAROLE, *idem.*

B...uildings!

MONSIEUR MOT

Banlieue!

MADAME PAROLE

Buildings!

LE PROTAGONISTE, *haussant
les épaules et continuant.*

... Et le grand ciel qui tient
les trois quarts de la toile,
de sorte que la ville immense

Le chœur — voix de femmes seulement — commence à faire entendre à nouveau son murmure, d'abord en sourdine. Puis les mots se détachent distinctement. Tous les choristes sont maintenant debout.

LE CHŒUR, *sur le ton d'une recommandation de ménagère.*

N'oublie pas!... N'oublie pas ce que je t'ai dit!... Tu sais ce que tu dois faire!... N'oublie pas! Tu sais! Tu sais! *(Un temps, pendant lequel le murmure indistinct continue en sourdine. Puis, sur ce murmure, les paroles distinctes reparaissent.)* Tu sais ce que tu dois faire! N'oublie pas ce que tu dois faire! N'oublie pas! Tu sais! Tu sais!

Decrescendo, puis murmure bas, pendant lequel monsieur Mot et madame Parole se sont levés brusquement. Ils vont se livrer à une gesticulation stéréotypée, comique et naïve, comme des écoliers à qui l'on apprend les « mouvements » corres-

apparaît toute petite en bas
  près du cadre,
et que le vent de l'espace
apporte et remporte dans les
  havres du monde
sa cargaison de nuages pour la
  journée!

pondant à une chanson en-
fantine.

Le murmure cesse.

MONSIEUR MOT, *sur le ton d'une*
bonne humeur de commande,
gentiment bébête
et conventionnelle.

A l'ouvrage!

MADAME PAROLE

Au chantier.

MONSIEUR MOT

A l'abordage!

MADAME PAROLE

A la cuisine!

MONSIEUR MOT

Au bureau!

Un temps. Ils ont l'air
d'être à court de vocables et
de chercher comiquement dans
leur mémoire. Puis ils re-
partent de plus belle.

MADAME PAROLE

Au piano!

MONSIEUR MOT

A la lanterne!

MADAME PAROLE

A la va-comme-je-te-pousse!

Des effets de lumière vacil-
lante et tournante donnent
l'impression d'une sorte de
vertige burlesque, pendant
que de petites lumières vertes
et rouges s'allument et s'étei-
gnent et que de petites sonne-
ries grêles et ridicules réson-
nent de temps en temps, selon
un déclenchement saccadé,
ainsi que cela se passe dans
les jeux automatiques des tirs

MONSIEUR MOT

A l'engrais!

MADAME PAROLE

A la course!

MONSIEUR MOT

Au trot!

MADAME PAROLE

Au galop!

MONSIEUR MOT

Au trot!

MADAME PAROLE

Au galop!

MONSIEUR MOT

Au trot!

MADAME PAROLE

Au galop!

Toute cette effervescence burlesque — pendant laquelle le protagoniste s'est bouché les oreilles et a fermé les yeux — s'arrête brusquement.
Un court silence.

forains ou les « machines à sous » des cafés populaires.

LE PROTAGONISTE, *mimant ce qu'il dit, comme plus haut, mais sans ridicule.*

Fermons la fenêtre!
Ouvrons nos portes!
Première porte!

Geste, à la chinoise, en même temps qu'il descend une marche.

Deuxième porte!

Geste; une marche.

Troisième porte!

Même jeu. Il est maintenant sur le plateau, au milieu de la scène, face au public.

Comme il y en a, des portes à ouvrir pour sortir de chez soi!

Autant que dans un cauchemar sans fin!

LE CHŒUR, *assez fort, sans préliminaire.*

Tu sais ce que je t'ai dit? N'oublie pas!... Surtout n'oublie pas!... Tu sais ce que tu dois faire! N'oublie pas ce que je t'ai dit! Tu sais! Tu sais! N'oublie pas!

UN CHORISTE EN SOLO, *voix forte.*

Oui, oui! Je sais... Allons, adieu!

MONSIEUR MOT, *en écho.*

Allons!

MADAME PAROLE, *idem.*

Adieu!

MONSIEUR MOT, *idem.*

Allons!

MADAME PAROLE, *idem.*

Adieu!

UNE CHORISTE, *voix
chantante, gentille et simple.*

Adieu! Bonne journée!

LE CHORISTE

Adieu!... A ce soir!... A ce
soir!

*Le choriste sort du chœur,
traverse lentement la scène
vers la droite, passe devant le
protagoniste et disparaît dans
la coulisse.*

LE CHŒUR, *les voix
de femmes seulement.
Calmes, optimistes.*

Adieu! Bon travail! Bonne
journée! Bon voyage! A ce
soir!... A ce soir!... Adieu! A ce
soir! Bonne journée! Bon tra-
vail! Bon voyage! Bon tra-
vail!

*Pendant que le chœur des
femmes continue en sourdine,
trois des choristes hommes se
détachent du chœur et s'en
vont successivement. L'un
d'eux montera des marches et
disparaîtra à gauche. Les
deux autres passeront, l'un*

après l'autre devant le prota-
goniste, sans le voir — et dis-
paraîtront à droite.

DEUXIÈME CHORISTE HOMME,
s'éloignant.

Au revoir! Au revoir! A
tout à l'heure!

TROISIÈME CHORISTE HOMME

Allons, adieu! Bonne mati-
née!

QUATRIÈME CHORISTE HOMME

Oui, oui, je sais! A ce soir!

Ils s'en vont.

Le chœur, en sourdine,
continue un instant et s'arrê-
tera sous les paroles du pro-
tagoniste.
Celui-ci s'avance lentement
vers le devant de la scène. A
chaque pas, ou presque, un
choriste passe devant lui.

LE PROTAGONISTE

J'ai rêvé de cigales, en m'éveil-
lant,
de cigales à têtes d'hommes :
maintenant je vois des arbres
qui bougent.
Je vois des arbres s'échapper
de la forêt et courir.
Oh! que j'ai envie de prendre
racine
et de n'être plus qu'une res-
piration immobile,
entourée du vent des mon-
tagnes!

Il étend les bras et se tient
fixé au sol comme s'il avait
pris racine et, dans cette posi-
tion, il imprime à tout son
corps, même à sa tête, un lent
balancement, pareil à celui
d'un arbre agité par le vent.

*Puis il secoue la tête vio-
lemment, comme pour une
négation à la fois obstinée,
farouche et inspirée.*

LE PROTAGONISTE

Non! Non! Je ne veux pas
  quitter le sol.
Je resterai là!
Je ne veux plus tourner, tour-
  ner,
passer, repasser, aller, venir!
Je suis arbre, je suis terre et
  racines
et le soleil roule autour de
  ma tête.
C'est toi qui tournes, soleil,
  autour de moi,
car c'est moi, pour un jour,
  le pivot du monde,
pour un seul jour!

*Toujours les pieds fixés
au sol, balançant la tête et
le corps, les yeux fermés.*

Je ne bougerai pas, je ne bou-
  gerai pas!
Je ne veux plus bouger de
  ma vie!

*Monsieur Mot et madame
Parole descendent au bas des
marches et se placent côte à
côte, debout, à droite. Puis
brusquement ils se font signe,
comme des musiciens de mu-
sique de chambre qui vont
exécuter un morceau. De la
main, ils font mine de battre
une ou deux « mesures pour*

rien », *puis attaquent, avec
entrain, sur un rythme ra-
pide.*

MONSIEUR MOT

Bondir! Battre!

MADAME PAROLE

Balayer! Briser!

MONSIEUR MOT

Barrage! Bastion!

MADAME PAROLE

Bouilloire! Bifteck!

MONSIEUR MOT

Bâcher! Bêcher!

MADAME PAROLE

Broder! Brocher!

MONSIEUR MOT

Bureau!

MADAME PAROLE

Barreaux!

Un temps.

MONSIEUR MOT

Bureau, bureau!

MADAME PAROLE

Barreaux, barreaux!

Le protagoniste est rappelé brusquement à la réalité quotidienne. Il cesse d'imiter un arbre et tire sa montre.

LE PROTAGONISTE,
sur un ton naturel

Tiens! Ils en sont à la lettre
  « B » :
l'heure s'avance!
O merveille de n'avoir ni hâte
  ni projet!
Quoi? Rien à faire?
Hier, demain la fourmilière
pour moi comme pour cent
  mille autres,
mais aujourd'hui ma liberté,
ma liberté d'arbre : rien, ni
  personne!
Écouter le vent, recevoir le
  soleil!

Monsieur Mot et madame Parole se lancent un regard inquiet et interrogateur.

MONSIEUR MOT *et*
MADAME PAROLE, *contrefaisant le bruit du vent de façon puérile.*

Vou... ou... ou... ou... ou...
Vou... ou... ou... ou...

LE PROTAGONISTE,
moitié riant,
moitié méprisant.

Qu'est-ce que c'est que ça?

MONSIEUR MOT,
timidement,
comme fautif.

La bi...i...se!

MADAME PAROLE,
même jeu.

La bri...i...i...se!

Le criminel se détache len-
tement du chœur. Il a l'air
sombre et hagard, la voix
sourde.

LE CRIMINEL,
s'adressant à quelqu'un
dont il se sépare.

Assez!... Cela suffit!... Je
sais ce que j'ai à faire : tu me
l'as assez répété. Et mainte-
nant adieu! Tu m'entends!
adieu pour toujours! Je ne
reviendrai *jamais!...* Jamais,
tu m'entends!... *(Il monte lour-*
dement de marche en marche, le
poing tendu, dans la direction
du chœur.) ... Ou, sinon, si je
reviens, si je reviens!...

Sur cette phrase inachevée,
mais menaçante, il s'éloigne
sauvagement.
Les choristes femmes en-
tament un murmure plein de
gaieté et de sollicitude sur
lequel se détachent distincte-
ment les répliques suivantes.

PREMIÈRE CHORISTE

A tout à l'heure, les enfants!
Soyez sages! Il ne faut pas
avoir peur...

Elle sort du chœur et dispa-
raît à droite.

DEUXIÈME CHORISTE FEMME

Adieu, les enfants, soyez sages, je reviens tout de suite...

Elle sort et disparaît à gauche.

TROISIÈME CHORISTE FEMME

Adieu, les enfants!... Il ne faut pas avoir peur... Soyez sages! Je reviens tout de suite.

Elle sort et disparaît à droite. La quatrième choriste, restée seule, sort, elle aussi, du chœur, fait quelques pas et va s'asseoir à gauche, sur la première marche, comme une paysanne sur le pas de sa porte.

C'est une femme plutôt épaisse et puissante. Elle a une voix « mûre » et grave, mais pas encore vieille; elle parle sur le ton d'une sorte de mélopée sans fin. C'est une bavarde, à la fois attristée par la vie et résignée, qui se parle à elle-même et fait les demandes et les réponses.

LA QUATRIÈME CHORISTE

Encore un jour qui commence! Dieu sait ce qu'il nous amènera! Comment? Qu'est-ce que vous dites? Je dis, je dis toujours : qu'est-ce que ça peut bien nous réserver, je vous le demande? Et ci et là, et par-ci et par-là!

Et je te tire par-ci et je te pousse par-là! Et pour quoi faire, tout ça, pour quoi faire, je vous le demande? A quoi ça sert? A quoi ça nous mène? Et toujours il y en a qui vivent et il y en a qui meurent! Et il y en a qui se reposent et qui profitent de la vie et il y en a qui souffrent et qui travaillent et qui ont de la peine et de la souffrance. Un jour, c'est l'un, un jour, c'est l'autre. Et pour quoi faire, tout ce trafic et tout ce chambardement et toute cette souffrance, je vous le demande? Et quand c'est fini, ça recommence. Et ça recommence, et ça recommence et ça n'a ni fin ni cesse. Et aujourd'hui! Et demain! Et encore! Et encore!

Un silence.

Brusquement, le protagoniste se prend la tête à deux mains et se jette, à moitié couché, sur le bat-flanc, comme en proie à une souffrance soudaine.

LE PROTAGONISTE,
*dans un cri violent
mais étouffé.*

Non! Non! Pitié! Pitié!
Aujourd'hui..., je ne veux
rien savoir, rien,
rien d'autre que la splendeur
du jour,
du jour qui vient

rageusement,

comme — s'il était pour moi seul!

LA QUATRIÈME CHORISTE,

continuant, obstinée et implacable comme une Parque.

... Et il y en a qui sont partis et qui sont morts de faim et de soif et de blessures, et qui ne sont pas revenus! Et j'en ai connu un que sa femme attendait : « Attends-moi, disait-il, j'arrive bientôt. » Et il est arrivé, en effet, mais dans son cercueil. Et celle-là, je ne l'ai pas connue, mais je sais qu'elle attendait aussi, mais lui, pendant ce temps-là, il était parti avec une autre, et c'était fini. Pour toujours! Et celui-là, quand il est revenu, je vous le dis, il a trouvé sa femme avec un autre et il les a tués tous les deux! Et je ne parle pas de la tempête qui en a pris des mille et des mille, et de la guerre et des coups de grisou et des machines qui vous broient une main et des arbres qui tombent sur la tête du bûcheron et des autos à toute vitesse qui se cognent dans les virages et de ceux qui crient dans les hôpitaux et de ceux qui souffrent toute leur vie, et de ceux qu'on torture, et de ceux qui sont morts trop tôt

Un crescendo sensible et même net vers la fin de l'énumération, mais qui reste quand même sobre, digne, presque monotone...

et des enfants sous les bombardements et de celui qui hurle sous les décombres et que personne ne viendra délivrer jamais... *(Elle s'arrête comme essoufflée. Sur un ton bas, presque hébété.)* ... Jamais!... jamais!... *(un temps, plus bas)* jamais!...

Un silence.

Pendant ce temps, les choristes sont revenus se grouper, les uns après les autres, à leur place habituelle, à gauche, au bas des marches.

Maximum du crescendo.

Pendant la tirade de la choriste, le protagoniste est resté assis sur le bat-flanc, face au public, dans l'attitude d'une méditation accablante.

LE PROTAGONISTE

Ne m'accable pas, souvenir,
souvenir de ce que je n'ai pas
    connu,
des souffrances que je n'ai
    pas partagées!
A toute heure, quand je m'arrête de vivre,
j'entends que quelqu'un crie
    dans ma gorge!

Crescendo.

A toute heure, quelqu'un crie,
que je ne peux entendre
et que j'entends quand même,
car son cri est plus fort que
    la distance,
plus fort que les années, plus
    fort que l'oubli.

Presque hurlant.

A toute heure, quelqu'un
    souffre et gémit et crie,
à qui je ne peux porter secours,

car je ne le connais pas,
car je ne sais même pas dans
    quel pays ni dans quel
    temps,
et pourtant, son cri est plus
    fort
que le vacarme de la ville
ou que le bruit de mon sang!

Un temps. Il reprend à
voix plus basse, à la fois
comme une constatation et
comme un remords.

A toute heure sur ce globe
    qui tourne sans fin
et tantôt reçoit le soleil et
    tantôt rentre dans les té-
    nèbres,
un rayon de lumière trans-
    figure ce que j'aime,
et que j'aurais aimé et que je
    ne connais pas :
ou bien ce sont les amandiers
    au feuillage pâle et trem-
    blant,
ou bien c'est le soyeux pelage
    des bouleaux,
ou bien c'est le versant des
    monts couverts de neige à
    travers le brouillard qui s'en
    va,
ou bien ce sont les pavés de
    la mer brûlante qui brillent
    comme une route au bord
    d'un promontoire...
et je sais que partout, à tout
    moment,
il y a quelque chose qui
    s'éveille et qui resplendit

La voix est devenue douce-
ment lumineuse, en même
temps qu'elle se fait peu à
peu plus confidentielle,

             émue,

pénétrée d'une sobre et pro-
fonde tendresse.

La lumière est maintenant éclatante. C'est le plein milieu du jour.

Brusquement, rompant le silence, éclate un joyeux vacarme :

des cloches lointaines, des brouhahas de voix joyeuses, pressées, des pas, des rires, des bruits d'assiettes et de verres entrechoqués, puis, très distinctement, les douze coups de midi.

La scène est envahie par les choristes très animés, venant de leur poste habituel, cependant que des machinistes apportent, à droite, une longue table à deux bancs.

A ce moment, se montrent monsieur Mot et madame Parole, apportant une petite table et deux chaises. Ils s'assoient à cette table, face à face.

La quatrième choriste re-

sur un coteau, sur un visage,
dans un regard,
dans une voix qui vient de
chanter,
dans une main qui se pose
et que j'aurais aimée
et qui me dit adieu
et que je ne connaîtrai ja-
mais!...

Un temps. Puis avec une grande douceur et une profonde mélancolie.

jamais... jamais...

Un temps, très bas, comme à lui-même.

jamais!

Le protagoniste se lève brusquement, recule devant les choristes et va se placer à gauche, pendant que ceux-ci viennent à droite.

joint lourdement les autres,
à droite.

Tous font semblant de
manger et sont très animés.
Peut-être, en sourdine, un
peu de jazz.

LE CHŒUR

Hé là-bas!... Par ici!... Par
ici, monsieur! mademoiselle!
Entrez donc!... Une table pour
huit personnes!... Pour moi, ce
sera!... Non plutôt!... Oui,
c'est ça! Passez-moi le sel, s'il
vous plaît! Le poivre! Merci!
Le poivre! Le sel! Le pain!
Merci! Le sel! Du vin! Encore
un peu! Merci!

Monsieur Mot et madame
Parole font semblant de man-
ger après chaque mot, ou bien
prononcent comme des gens
qui ont la bouche pleine.

MONSIEUR MOT,
décidément
plein d'à-propos.

Détente!... Délassement!

MADAME PAROLE, *idem.*

Déjeuner!... Divertissement!

MONSIEUR MOT

Décongestion!

Brouhaha du chœur, dimi-
nuant quand d'autres parlent,
redevenant plus fort pendant
les intervalles.

MADAME PAROLE

Désintoxication!

MONSIEUR MOT

Décompression !

MADAME PAROLE

Désodorisation !

MONSIEUR MOT

Défoulement !

Un temps.

MADAME PAROLE,
*comme un conseil à quelqu'un
qui mange trop vite.*

Déglutition !

Brouhaha.

Le protagoniste paraît amusé. Il regarde tour à tour les deux groupes, comme s'il hésitait entre eux.

LE PROTAGONISTE,
grave et déterminé.

Non ! Je ne prendrai pas le
   repas en commun, ni seul !
Aujourd'hui, pour moi, rien
   comme les autres jours !
Je suis libre, libre
— et même de ne pas manger,
   si cela me plaît.
Je suis un arbre,
je bois la lumière et je me
   nourris
rien qu'en étendant mes bras
   au soleil !

Monsieur Mot et madame Parole s'adressent au protagoniste, avec une touchante et ridicule sollicitude interrogative.

MONSIEUR MOT

Dépression ?

MADAME PAROLE

Démoralisation?

MONSIEUR MOT

Déminéralisation?

LE PROTAGONISTE,
*haussant les épaules
et se moquant d'eux.*

Non! Dévaluation!... Désacra-
lisation! Détachement! Dis-
jonction! Discrimination!
Dissémination! Ding, ding,
don! Danse du ventre! Dor-
mez sur vos deux oreilles!
Délivrez-nous du mal!... *(A
tue-tête.)* Dormez en paix!

*Monsieur Mot et madame
Parole font un geste signi-
fiant : « Nous avons fait ce
que nous avons pu! Mais,
s'il ne veut pas de nos soins,
tant pis pour lui! » Et, l'air
légèrement vexé, ils conti-
nuent à faire semblant de
manger, mais en se taisant.
Dès les derniers mots du
protagoniste, le brouhaha du
chœur remonte et l'on entend
des bribes de phrases se suc-
céder rapidement, toujours
confiées à des voix diffé-
rentes, de manière à donner
une impression de conversa-
tion animée et nombreuse avec
un résultat à la fois incohé-
rent et banal.*

LE CHŒUR

Et qu'est-ce que tu lui as répondu?... Non, vraiment?... Est-ce possible?... Il a dû être bien surpris!... Furieux? Non, pas possible! Tu comprends, c'était à cause de ce que vous savez... Passez-moi le sel! Merci! Le pain! Le vin! Le poivre! Merci!... Ce n'était pas sa faute!... Ils sont débordés, débordés, je vous dis!... Alors elle a été prise d'un malaise en rentrant chez elle. On l'a opérée d'urgence...

C'est son supérieur!... Il n'y comprend rien! Un pauvre d'esprit!... Très intelligent... Et il a ri! Il a ri! Il ne pouvait plus s'arrêter de rire!... C'est mal organisé, croyez-moi!... Il faut dire ce qui est!... Je n'y ai aucun intérêt, notez bien!... C'est la faute à l'organisation... Ce n'est pas une organisation! Parfaitement! Vous avez raison!... Moi aussi!... Comment j'ai tort!... Et vous?... Non j'ai raison : vous avez tort... Je suis de son avis... Passez-moi le vin! Le café! S'il vous plaît! Merci! Un sucre! Deux sucres! Trois sucres? Et pour vous? Rien, merci! Une liqueur? Jamais... Merci... Merci... J'ai très bien déjeuné!... Moins mauvais que d'habitude! Trois cafés! Merci!...

Le brouhaha continue.

Le protagoniste est monté sur la troisième marche à gauche et, de là, il regarde et écoute avec étonnement, comme s'il voyait des gens déjeuner pour la première fois de sa vie.

LE PROTAGONISTE, *avec une nuance de colère, mais aussi avec une sorte de tendresse amère et sans illusion.*

Et voilà!
Ce ne sont plus les cigales,
ce sont les sauterelles,
les sauterelles à têtes d'hom-
   mes!
Elles ont tout dévoré, tout
   nettoyé,
avec ce bruit féroce que l'on
   appelle la parole.
Il ne reste pas un brin d'herbe,
pas une feuille au diction-
   naire,
le nuage est passé!

Silence total.

Sur les derniers mots du protagoniste, les choristes, ainsi que monsieur Mot et madame Parole, se lèvent de table, se saluent et se dispersent, sauf deux : un jeune homme et une jeune femme qui restent assis face à face, de part et d'autre de la table et se regardent intensément, l'air ravi, sans bouger, sans se dire un mot.

Mais les uns et les autres reparaîtront presque aussitôt et désormais, pendant le reste du poème, représenteront le va-et-vient des passants dans la ville.

LE PROTAGONISTE,
*du haut des marches
regardant.*

Il y a des millions et des mil-

lions de gens dans cette
ville
et dans toutes les villes et
tous les faubourgs
et ces deux-là sont *seuls!*
Pour eux, le monde est un
désert,
mais un désert pareil à un
diamant.
Parlez! Mais parlez donc!
Parlez pour vous-mêmes!
La parole est inutile et nul
ne vous entend.
Vous savez bien : il n'y a
personne!

LE JEUNE HOMME, *prenant
la main de la jeune femme
par-dessus la table.*

Qui es-tu?

LA JEUNE FEMME

Je suis.

LE JEUNE HOMME

Qui étais-tu?

LA JEUNE FEMME

Je n'étais pas.

LE JEUNE HOMME

D'où viens-tu?

LA JEUNE FEMME

Je sais vers qui je vais. Je
ne sais plus d'où je viens.

LE JEUNE HOMME

Me connais-tu?

LA JEUNE FEMME

Je te connais : c'est Toi.

LE JEUNE HOMME

Mais il y en a tant d'autres : regarde!

Il désigne les passants qui vont et viennent.

LA JEUNE FEMME

Non! Il n'y en a qu'un seul : tantôt toi, tantôt moi.

LE JEUNE HOMME

Je t'avais cherchée depuis des années et des années!

LA JEUNE FEMME

J'étais cachée dans tes propres yeux, c'est pourquoi tu ne me voyais pas.

LE JEUNE HOMME

Et maintenant, tu es descendue de mes yeux, de sorte que je te vois et que je peux te toucher!

LA JEUNE FEMME

Prends-moi dans tes bras!

Ils quittent la table. Le jeune homme soulève la

jeune femme dans ses bras,
comme on porte un enfant.

LE JEUNE HOMME

Tu es légère comme un fil...
Et pourtant il me semble —
que je tiens le monde dans
mes bras!

LA JEUNE FEMME, *riant.*

Repose-moi vite sur le sol...
ou ce serait le chaos!

LE JEUNE HOMME,
la posant doucement
sur le sol.

Va, maintenant! Va devant
moi!

LA JEUNE FEMME *fait*
quelques pas, s'arrête et se
retourne gracieusement vers lui.

Ainsi?

LE JEUNE HOMME,
dans le ravissement.

Se mouvoir! Quel miracle!
L'air ne résiste pas : il te
porte. Tu es comme un oiseau
qui nagerait dans la lumière...
Encore quelques pas!

LA JEUNE FEMME,
par espièglerie faisant mine
de s'éloigner.

Comme ceci?

LE JEUNE HOMME,
avec un cri étouffé.

Ah!... Pas si loin! Tu serais
reprise par ce monde inconnu!
Tu cesserais d'exister! L'ab-
sence nous guette!

LA JEUNE FEMME,
allant un peu plus loin.

Je ne crains rien, puisque tu
me regardes!

*Tout à coup, elle pousse un
cri strident et s'arrête net,
ayant aperçu quelque chose
ou quelqu'un qui l'épou-
vante.*

LE JEUNE HOMME,
courant vers elle.

Qu'y a-t-il?

*La jeune femme, sans un
mot, désigne un passant, —
le criminel —, qui sort, à ce
moment, de la coulisse :
c'est celui qui était parti de
chez lui, le matin, en pro-
férant des menaces. Il marche
toujours d'un air sombre,
en ruminant de funestes pen-
sées, d'un pas lourd et inquié-
tant.*

LA JEUNE FEMME, *à mi-voix.*

Là! Cet homme!

LE JEUNE HOMME

Eh bien! qu'y a-t-il? C'est
un passant!

LA JEUNE FEMME, *à mi-voix.*

Il y a un fou dans ma maison : c'est lui! Je le reconnais. Il est toujours en colère. Il menace sa femme. Ses enfants crient, sans comprendre...

LE JEUNE HOMME,
*la rassurant en lui prenant
le bras.*

Viens! Il est passé!... *(Souriant.)* C'est comme s'il n'avait jamais existé...

LA JEUNE FEMME,
encore effrayée.

Crois-moi : c'est un homme terrible! Il me fait peur.

LE JEUNE HOMME

Oublie-le! Viens!

LA JEUNE FEMME

Je ne peux pas rester, maintenant.

LE JEUNE HOMME

Pourquoi?　　*(Goguenard.)* Parce que tu as peur?

LA JEUNE FEMME

Mais non! C'est oublié, je te le jure.

LE JEUNE HOMME,
pressant.

Alors? Pourquoi?

LA JEUNE FEMME

Il faut que je rentre à la maison. Je te retrouverai ce soir.

LE JEUNE HOMME

Comme c'est loin !

LA JEUNE FEMME

Je te retrouverai ici.

LE JEUNE HOMME

C'est promis ?

LA JEUNE FEMME,
le regardant longuement.

Vois mon regard !... *(A voix basse.)* A ce soir !...

Elle lui tend la main, qu'il presse contre ses lèvres.

Le protagoniste se lève et commence à arpenter le plan supérieur, les mains derrière le dos, en réfléchissant.

LE JEUNE HOMME

Je t'attendrai, confiant ! L'espace aura changé, tout aura changé : l'air, la lumière. La terre et le soleil ne seront plus à la même place dans le ciel. Mais, à ce point du temps que tu désignes — et qui, lui, ne peut manquer le rendez-vous —, je serai là, pour t'attendre.

Tout en se parlant à mi-voix, ils vont, avant de se

quitter, et pendant tout le monologue du protagoniste, faire un certain nombre d'évolutions gracieuses, comme des danseurs.

Pendant ce temps, les allées et venues des « passants » se sont ralenties, puis cessent tout à fait. Les choristes se rassemblent et s'assoient, les uns derrière les autres, à gauche, comme au début du poème.

A ce moment, réapparition de monsieur Mot et de madame Parole, l'un venant de gauche, l'autre de droite et ne se montrant qu'à moitié, dans une attitude comiquement timide : ils vont littéralement « souffler » quelques mots au protagoniste, comme si celui-ci ne savait plus son rôle, — ou plutôt comme s'ils voulaient « l'inspirer ».

Monsieur Mot, près de la coulisse de droite, commencera à voix assez basse — voix de « souffleur », — mais assez forte, bien sûr, pour que le public entende. Puis il parlera de plus en plus fort.

Madame Parole, qui lui donnera la réplique, en fera autant, près de la coulisse de gauche.

MONSIEUR MOT, *à voix basse.*

Artaxerxès!

Un temps.

MADAME PAROLE, *même jeu.*

Alexandre!

Un temps.

MONSIEUR MOT

Abraham!

Un temps un peu plus court.

MADAME PAROLE

Archimède!

Un temps plus court.

MONSIEUR MOT, *crescendo et plus vite.*

Abdul-Hamid! Aménophis!

MADAME PAROLE

Attila! L'Armada!

MONSIEUR MOT

Babylone! Barrabas!

MADAME PAROLE

Bélisaire! Bayard!

MONSIEUR MOT

César! Cléopâtre!

MADAME PAROLE

Charlemagne! Colomb!

Ils attendent un instant, comme guettant l'effet de leur intervention, puis, dès que le protagoniste commence son monologue, ils disparaissent, comiquement satisfaits.

Le protagoniste fera toutes sortes d'évolutions pendant sa tirade, montera ou descendra des marches, etc. Il commence comme s'il enchaînait, sur les mots historiques que l'on vient d'entendre et comme s'il continuait, à voix haute, un monologue intérieur commencé depuis un moment. Le ton est d'abord comme furieux et sauvage.

LE PROTAGONISTE

... Non!...

... non je n'étais pas là, depuis l'aurore de ce monde!

Ni avant l'histoire ni depuis l'histoire,

je n'étais là, bourreau ou martyr, esclave, conquérant ou prophète!

Et je n'ai pas connu cent mille triomphes, ni cent mille désastres sur la neige ou le sable,

— et je n'étais pas là quand les marins des caravelles sombraient avec leur cargaison sous les tempêtes d'occident,

— et je n'ai pas connu les épidémies de peste noire, ni

Crescendo, de plus en plus intense et douloureux.

La lumière commence à baisser.

les typhons, ni les villes englouties sous la cendre et la lave,

— et je sais qu'il y en a eu, depuis les siècles et les siècles, et jusqu'aujourd'hui même et jusqu'à ma porte, des supplices et des massacres et des pendaisons, pour les meilleures raisons du monde,

— et des monstres et de cruels sauveurs, et de grandes passions toujours coupables et toujours innocentes et des suicides et des meurtres étouffés au fond des caves,

— et tout ce poids de l'horreur que je sais et qui s'est amoncelé sur la terre,

— et cette foule d'anciens vivants que je n'ai connus que par ouï-dire,

cette longue torture de dix mille et dix mille années

est comme un bûcher qui brûle encore en moi

et dont je suis l'avant-dernière flamme

et sa mortelle fumée monte le long de ma vie

comme pour s'échapper par ma bouche!

Un temps d'arrêt. Puis, sur un ton plus calme, comme inspiré, parfois ébloui.

... Et ce n'est aussi que par ouï-dire que j'ai connu les faïences luisantes

Le crépuscule s'accentue.
La lumière devient oblique
et rougeâtre.

dans le calme intérieur hol-
   landais
où une femme en bleu joue
   du luth
pendant qu'un cavalier drapé
   sous son large chapeau
lui verse une coupe de rubis,
— et je n'ai pas connu les
   jours de fête populaire
et de bénédiction bavarde dans
   dans les vignobles de Lom-
   bardie,
ni la danse des sabots et des
   cocardes et des piques
sur les ruines de la prison cen-
   tenaire;
— et l'on m'a parlé du ruis-
   sellement du son des cordes
   et des cuivres
dans l'oreille d'un sourd divi-
   nisé,
— et de l'illumination du vrai,
quand le savant à la toque
   noire
a vu bouger, sous le verre gros-
   sissant,
la cause minuscule des énormes
   épidémies,
— et tant d'événements sur-
   prenants et tant de décou-
   vertes et tant de chefs-
   d'œuvre
ont été scellés et parachevés
   longtemps avant ma vie
et cependant je les porte en
   moi-même
et ils sont devenus ma chair
   et ma raison... *(Changeant*
   de ton brusquement, pathé-

Monsieur Mot et madame Parole reparaissent pendant la fin du monologue du protagoniste, mais sur le plateau du bas et cette fois-ci, avec simplicité et dignité, — et non plus dans une attitude comique. Ils se sont assis, avec gravité, l'un à droite, l'autre à gauche, sur la première marche, face au public.

tique, se frappant la poitrine avec ses poings.)
Qu'est-ce que je suis? Est-ce que j'existe,
moi qui n'ai rien connu
de tout ce qui m'a fait tel que je suis?
Ne suis-je donc rien, rien d'autre
qu'une halte d'une heure dans un déroulement sans fin?

Un temps. Il s'arrête de marcher et de parler, comme essoufflé.

LE PROTAGONISTE, *désignant les amoureux, sur un ton soudain très simple, presque prosaïque.*

Et cependant, il y a ici, aujourd'hui,
comme si rien n'avait existé auparavant,
un garçon et une fille! *(Il rit, s'arrête et semble méditer.)* Un garçon! Une fille! Comme si cela n'avait jamais été,
comme si c'était la première fois,
comme si le monde commençait avec eux,

Un temps.

comme si c'était l'A.B.C. de notre vie...

Monsieur Mot et madame Parole vont parler cette fois sans être comiques, d'une

*voix très articulée, très nette,
un peu solennelle, mais plu-
tôt impersonnelle, sans ac-
cent ni « trémolo ».*

MONSIEUR MOT, *lentement,
     détachant les syllabes.*

Assassinats!

> *Un temps.*

Balistique!

> *Un temps.*

Batailles!

> *Un temps plus long.*

Confusion!

MADAME PAROLE, *même ton
     et même jeu.*

Avenir?

> *Un temps.*

Amour?

> *Un temps plus long.*

Beauté?

*Un temps encore plus long,
puis ce seul et dernier mot,
avec une intonation expres-
sive, à voix toujours très dis-
tincte, mais sur un ton un peu
plus bas, à la fois confiden-
tiel et solennel comme un aver-
tissement mystérieux, plein
de sens et d'espoir.*

Confiance?

*Le couple d'amoureux a
fini d'évoluer en se disant*

*Le protagoniste s'assied,
de biais et dans une pose
libre, sur la troisième marche,
au milieu, une jambe croisée
sur l'autre, le coude reposant
sur la deuxième marche.*

adieu. Elle lui fait un signe de la main et disparaît à droite, tandis que lui, la suivant des yeux longuement, reste d'abord à la même place. Puis il s'en va lui-même, lentement, vers la gauche.

Le chœur recommence à faire entendre son murmure indistinct, qui s'élève peu à peu comme une vague.

Puis le murmure redescend, s'affaiblit et l'on entend des paroles distinctes, dites sur un rythme continu, mais assez lent, avec une sorte de calme apaisé, comme si tout était révolu.

VOIX D'HOMME

Je suis...

VOIX D'HOMME

J'étais...

VOIX D'HOMME

Je serai...

Un temps un peu plus long.

VOIX DE FEMME

Je vis, je vivrai...

VOIX DE FEMME

J'ai vécu...

VOIX DE FEMME

J'ai aimé...

Un temps.

VOIX D'HOMME

Je pense...

VOIX DE FEMME

Je souffre...

VOIX D'HOMME

Je me souviens...

VOIX DE FEMME

J'attends, j'espère...

Un court silence, pendant lequel le murmure indistinct du chœur s'enfle, puis décroît comme une houle.

VOIX D'HOMME

Je combats...

VOIX D'HOMME

Je guéris...

VOIX DE FEMME

J'ai pitié...

VOIX D'HOMME

Je désespère...

VOIX D'HOMME

Je sais, je crois, je suis sûr...

VOIX D'HOMME

Je ne sais pas, je ne sais
plus, je doute...

Crescendo.

VOIX D'HOMME

J'implore...

VOIX DE FEMME

Je supplie...

VOIX D'HOMME, *fortement.*

Je défie, je maudis, je me
révolte...

VOIX DE FEMME, *criant.*
Sauvez-moi! Sauvez-nous!

Decrescendo.

VOIX D'HOMME, *positive.*
Je suis sur la terre.

VOIX D'HOMME

Rien n'est seul.

VOIX D'HOMME, *optimiste
et virile.*

Je parle. On me répond.
J'existe.

VOIX DE FEMME, *basse
et triste.*

Je parle dans le vide. Per-
sonne!

VOIX D'HOMME, *angoissée.*

J'attends... J'attends... Nul
ne vient! Je suis seul!

*Toutes les voix se con-
fondent en un vaste murmure
qui dure un moment, indis-
tinct, puis sur lequel se dé-
tachent distinctement les pa-
roles prononcées par le chœur
au début, cette fois comme
une mélopée indifférente et
désabusée.*

LE CHŒUR, *inexpressif
et monotone.*

Je t'avais dit... Tu m'avais
dit... Je t'avais dit... Tu
m'avais dit... Je t'avais dit...
*(Un silence. Plus expressif et
douloureux.)* Je t'attendais...
et tu n'es pas venu! Je t'at-
tendais et tu n'es pas venu!...
Je t'attendais et tu n'es pas
venu... Et tu n'es pas venu!...
(Un silence. Crescendo.) Je
t'avais dit, tu m'avais dit... Je
t'attendais et tu n'es pas
venu! Je t'attendais et tu n'es
pas venu... Je t'attendais et
tu n'es pas venu! Je t'avais
dit, tu m'avais dit. Je t'avais
dit... Et tu n'es pas venue!...
Et tu n'es pas venue. Tu
m'avais dit et tu n'es pas
venu. Je t'avais dit, je t'at-
tendais et tu n'es pas venu...

*Le chœur n'est bientôt plus
qu'un murmure indistinct et*

*très bas, qui disparaît peu à
peu pendant que le protago-
niste parle.*

*Le soir est tout à fait venu.
Les lumières de la ville s'al-
lument. Les choristes se dis-
persent et vont et viennent,
anonymes, de même que mon-
sieur Mot et madame Pa-
role, confondus dans la foule.
Quelques-uns ont à la main
une lampe de poche et leur
va-et-vient lumineux repré-
sente le mouvement nocturne
de la grande ville, les phares
des autos, les éclairages des
fenêtres, des magasins, des
affiches lumineuses, etc.*

*Tout en marchant, ils
parlent bouche fermée, bour-
donnant légèrement, comme
des insectes.*

*Le protagoniste s'avance
lentement vers le devant de
la scène et s'étend sur le bat-
flanc, comme au début du
poème.*

LE PROTAGONISTE

De chair et de sang comme
   moi,
souffrance, folie, sagesse,
   amour,
la ruse et la haine lourdement
   mêlées à l'innocence
et cette petite fumée qui danse
   dans nos têtes!...
Fixés au même point du
   temps,
voici les uns et les autres
qui bougent et parlent dans
   la ville
à peine un peu plus que des
   arbres...

Un silence.

Ma damnation, ma récom-
　　pense,
humanité, tu es mon paysage
et comme le vent dans la
　　forêt,
comme les vagues de la mer,
le bruit que fait le flot sans
　　fin de tes paroles
éternellement se ressemble...

Un temps.

J'ai oublié le sens des mots
Je ne suis qu'un murmure
soulevé par la joie,
serré par la douleur.
Des mots? Moins que des
　　mots : des sons, des plaintes
　　des cris,
des gestes de la voix,
un murmure sans parole
parmi d'autres murmures...

Rideau

NOTE COMPLÉMENTAIRE

Dans sa forme, et dans sa structure, ainsi que dans sa présentation, le poème que l'on vient de lire s'inspire à la fois de l'art théâtral, de la musique de concert, et de la mimographie.

Bien que cet ouvrage, par conséquent, ne soit pas une « pièce » au sens habituel du terme, c'est tout de même le théâtre qui est son plus proche parent et c'est sur une scène de théâtre qu'il doit être représenté.

En effet, le principal moyen d'expression ici employé est le langage parlé et ce langage ne prend son plein sens qu'en étant non seulement récité, mais joué par des acteurs, avec tout l'appareil de l'art dramatique : décor ou éléments de décor (on sait qu'un rideau, ou un escalier, est déjà tout un décor), éclairages, intonations, attitudes et mouvements des interprètes, peut-être, par moments, accompagnement musical (ou, en tout cas, sonore), etc.

Si donc ce « poème à jouer » s'apparente d'abord au théâtre, il en diffère toutefois parce qu'il ne s'y passe aucune « action dramatique » véritable. Sa trame, en effet, est composée non d'événements mais de thèmes poétiques. Ces thèmes, à la manière des thèmes musicaux dans une œuvre symphonique, sont exposés, développés, enchevêtrés selon un plan purement formel et les rapports qu'ils entretiennent entre eux, échappant à l'art du dialogue, obéissent à des préoccupations de rythme, d'alternance des mouvements, d'opposition des effets, qui sont empruntés à l'art musical. A cet égard, L'A.B.C. de notre vie est construit sur le même plan qu'un Concerto : le soliloque du « protagoniste » (lequel exprime le sens général du poème) fait équilibre avec une masse de voix anonymes (le « chœur ») et tantôt alterne avec cette masse, tantôt lui fait écho, tantôt s'y superpose, — bref, joue un rôle analogue à celui de l'instrument concertant par rapport à l'ensemble orchestral.

Enfin, ce qui fait que ce « poème à jouer » participe aussi de l'art du mime (ou de l'art de la danse), c'est que les interprètes, dont les attitudes, les gestes et les déplacements doivent être dirigés avec précision, sont tantôt « impersonnels » comme les éléments d'un corps de ballet, tantôt expressifs et personnels comme les mimes ou les danseurs incarnant des « rôles » et que tout cela doit se passer dans une atmosphère de transposition *— et, si l'on veut, d'abstraction, — qui n'a rien de commun avec l'atmosphère habituelle du théâtre proprement dit où, de toutes façons, que l'œuvre à représenter soit réaliste ou symbolique, il s'agit toujours de « faire vivre » des personnages et de retracer un événement, avec enchaînement des faits, péripéties, progression et dénouement.*

Il convient, pour terminer, de préciser le rôle particulier du chœur, tel qu'il est ici conçu.

Le propre de ce « chœur parlé » d'un nouveau genre n'est pas d'imiter plus ou moins le chœur musical, mais de former une sorte de « réserve » qui représente la foule ou la masse humaine et d'où, sur un fond de murmure ou de brouhaha indistinct (tantôt proche, tantôt lointain, tantôt léger, tantôt accentué), s'échappent des paroles, des fragments de phrases ou des phrases entières. Mais attention! ces paroles ou ces phrases ne sont jamais *prononcées simultanément par les choristes, comme cela se pratique dans les chœurs parlés habituels : elles sont dites successivement par les diverses voix, dont chacune s'exprime en soliste, de façon à être parfaitement compréhensible.*

Ainsi donc, ce qui donnera l'impression de masse, c'est que, d'une part, cette succession des voix distinctes et isolées doit être réglée avec le plus grand soin, de manière à être effectuée très rapidement, sans le moindre retard, que, d'autre part, ces voix doivent être de tessitures et de timbres très différents, — voix d'hommes, voix de femmes, voix aiguës, voix de basse, voix gaies, voix graves, etc. — et enfin que cette succession de voix diverses doit se superposer au murmure indistinct des autres choristes au même moment. Pratiquement, cela suppose une gymnastique vocale très vive, chaque choriste ayant tour à tour à murmurer indistinctement (parfois à bouche fermée) puis à prononcer dis-

...tement quelques mots, puis à revenir au murmure, et ainsi de suite.

(Il est d'ailleurs à noter que cette « gymnastique vocale » a pour but d'éviter de mobiliser un chœur trop nombreux. Il est bien évident que, si l'on n'avait pas ce souci d'économie des moyens, on pourrait partager le chœur en deux groupes principaux : ceux qui parlent distinctement et ceux qui ne font que murmurer [1].)

Enfin, de cette masse, de cette « réserve » constituée par le chœur, s'échappent, à divers moments du poème, des choristes qui effectuent certains déplacements, ont certains rôles épisodiques à dire ou à jouer et incarnent, soit très brièvement, soit plus longuement, divers personnages : rêveurs, passants, dîneurs, etc. Parfois même, comme les deux amoureux, dans la dernière partie du poème, ils seront chargés de jouer toute une « scène », dans la forme habituelle du théâtre.

---

1. Lors de la première représentation, à Paris, en juin 1959, le metteur en scène Jacques Poliéri avait résolu cette difficulté en enregistrant sur magnétophone les murmures indistincts des choristes.

Une voix sans personne

POÈME A JOUER
ET A NE PAS JOUER

A MARIANNE LEYGUE

UNE VOIX SANS PERSONNE

a été créé le 10 février 1956
au Théâtre de la Huchette
Le texte était dit par Jean-Marie Robain
Musique originale de Henri Sauguet
Mise en scène de Jacques Poliéri

La scène — où n'apparaîtra aucun personnage — représente le salon d'une villa à la campagne.

Décor très quelconque : au premier plan, face au public et en demi-cercle, quatre fauteuils recouverts de housses. Au fond, à gauche, une porte vitrée donnant sur un corridor d'entrée. A droite une commode contre un mur sans tableau. Dans chacun des deux angles, un guéridon supportant une lampe à gros abat-jour.

La seule animation visible de la scène viendra du changement et du mouvement des éclairages.

A part une voix de femme qui dira quelques mots ou chantonnera, seule une voix d'homme dira le texte du poème. Elle sera, soit transmise par haut-parleur, soit incarnée — mais non personnifiée — par un comédien, qui se tiendra à droite, dans la pénombre de l'avant-scène et tournant le dos à la scène : de toute façon ce ne sera qu'une voix anonyme, parlant simplement, sans déclamation.

C'est une pièce sans personnages.

VOIX DU RÉCITANT

Au lever du ri-deau, la scène est plongée dans l'obs-curité.	De l'autre côté d'une cloison d'une cloison pour moi transparente ou par le temps abattue de l'autre côté de cette cloison de ce mur ou de cette fenêtre
Là, deux lampes	éclairée dans la nuit

et qui de moi se rapproche lentement
à travers ce mur disparu

s'éclairent

à travers cette cloison par le temps abattue
à travers les vitres de cette grande fenêtre
mes yeux regardent — et je vois

par degrés.

je vois une pièce où il se pourrait
qu'autrefois quelqu'un ait demeuré
quelqu'un qui pourrait être moi,
une pièce où j'aurais vécu il y a très
    longtemps

*Les deux lampes
sont maintenant
éclairées. Il fait
nuit dans le cor-
ridor.*

une pièce où *je sais*
que j'ai vécu il y a très longtemps
et que pourtant je ne reconnais pas.

Un silence.

C'est un salon où des meubles
sont disposés toujours dans le même ordre
et de telle façon qu'ils semblent prendre
    un sens
à force d'être toujours là
sans que personne apparaisse :
Ils sont assemblés en face de moi
comme un conseil de famille
devant lequel je suis amené de force
pour comparaître
pour être interrogé, pour être accusé, pour
    être jugé
et cependant je ne comprends pas,
non, malgré tout l'effort de ma mémoire
pour retrouver cette langue oubliée,
je ne parviens pas à comprendre
ce qu'ils ont à me dire.

Un silence.

D'abord la soirée bien avant dans la nuit
    se prolonge
comme une veillée patiente au chevet
    d'un malade,
d'abord cette veille morose et menaçante
jusqu'au bord de l'aube se prolonge

et moi l'invisible témoin
et cette pièce et ces meubles éclairés de
   l'intérieur
nous restons ainsi longtemps dans notre
   commun silence
parce que nous avons à creuser ensemble
   cette menace,
parce qu'il nous faut retrouver le secret de
   notre double interrogation,
parce que nous nous demandons où nous
   sommes, qui nous sommes —
— Et cependant nous n'avons rien à nous
   dire.

Un silence.

Immobiles et liés ensemble
emportés par ce long silence
nous traversons les nuages du temps
les lueurs qui passent dans le ciel noc-
   turne
Les deux lampes jusqu'à ce que, l'une
s'éteignent, l'une après l'autre,
après l'autre. s'éteignent les lampes du salon.

Un long silence.

La lumière du Encore un peu de temps
jour commence à un repos léger, à peine un soupir de som-
passer doucement   meil
par la porte vi- la première lueur le premier souffle
trée, obliquement, et au-dehors voici le matin
venant de droite. quelle joyeuse lumière passe à travers la
   porte vitrée!

Joyeuse
vraiment!
Les meubles s'ébrouent sans bouger
regardez-les accueillir sur leurs bords la
   lumière du jour
comme s'ils allaient tout à l'heure recon-
   naître quelqu'un

et sauter de joie au-devant de quelqu'un
qui vient.

Un silence.

Sans qu'on voie aucune silhouette à travers la porte vitrée, on entend des pas légers et précipités, — des pas de femme — et une voix gaie et musicale — une voix de jeune femme — qui appelle :

LA VOIX DE FEMME, *avec une jolie
modulation sur « ...hé ».*

Hohé-ho!... Hohé-ho!... Hohé-ho!... *(Plus
loin.)*
Hohé-ho!... (Presque indistinct.) Hohé-
ho!...

LA VOIX, *enchaînant.*

Comme il me plaît d'entendre cette voix et
les pas qui l'accompagnent,
même si le visage est absent!
Comme elle me plaît, cette voix!
Je l'aime plus que je ne saurais le dire.
Il me semble que c'est pour moi pour moi
seul
qu'elle chante son chant le plus délicieux
trois syllabes sans aucun sens
sur trois notes joyeuses,... mais non!
Vraiment il serait fou de croire
que c'est moi qu'elle appelle!
Non non! Toutes les voix tous les pas de
femmes
vont au-devant de quelqu'un :

Crescendo. pourquoi donc moi plutôt qu'un autre?
Rien n'a été promis rien n'a été dit jamais

je l'ai reconnue mais je ne la connaissais
  pas
Ce n'est même pas une rencontre
Peut-être sommes-nous condamnés
elle à toujours disparaître
et moi toujours à l'attendre?
Pourtant, tout me concerne ici,
le silence de cette pièce inconnue
est fait pour mon propre silence
comme cette voix pour ma voix.

Decrescendo. Allons, patience, patience!
Avant ce soir elle reviendra
elle reviendra je le sais — déjà
elle s'apprête à revenir
pendant que tourne le soleil autour de la
  maison
et que s'endorment les fauteuils
fatigués de ne porter le poids de personne.

Un court silence.

*La porte vitrée
se met à trembler
deux ou trois fois
de plus en plus
fort. Et on entend
un vent violent.
En même temps
la lumière devient
de plus en plus
forte; c'est le mi-
lieu du jour.*

Ça, c'est le vent qui s'élève
comme s'il montait du fond de notre
  mémoire
il rôdait tantôt dans la vallée profonde
se heurtant à tous les arbres à tous les
  murs
puis il est entré dans la maison par le
  corridor
il a fait le tour de toutes les chambres

*Le bruit du vent
diminue.*

et maintenant qu'il s'en va
il laisse un gage sur le seuil de toutes les
  portes

un fragment d'écorce une plume de ramier
un scarabée mort.

Le vent s'arrête. Tel est donc le présent dérisoire
le léger léger testament
que laisse un souffle considérable!
À travers toutes les choses
passe une absence inutile,
peut-être même cette absence est-elle dans
les choses
comme leur secrète ivresse
et nous l'entourons de tout notre amour.

Un silence.

La lumière tourne : elle semble venue de la gauche, à présent. Maintenant que le jour a lourdement mûri
dans la campagne
maintenant que la lumière a tourné
les meubles s'éveillent et me regardent
Ils me regardent sans colère mais sans
âme
ils me regardent sans rancune mais sans
tendresse

Avec une véhémence croissante, presque avec une sourde colère. Ah! fauteuils, tables, lampes, rideaux
comment vous faire comprendre qui
j'étais?
Comment vous faire comprendre qui je
suis?
Un étranger qui ne vous connaît pas
qui ne veut pas vous connaître,
bien qu'il vous ait tout de suite reconnus!

De plus en plus fort, douloureux comme un délire d'enfant.
Presque crié. Ah Vie! Vie! Dispersion! Fausses rencontres!
Les pas, les voix, ici et ailleurs!
Des regards plein le souvenir,
le vent dans le jardin, le sable
dans les murs. On parle. Pourquoi? je
viens sans rien savoir.
Qui m'appelle? JE NE COMPRENDS RIEN
A TANT DE SILENCE.

Brusquement résonne du côté de

*la porte vitrée
une grêle sonnette
archaïque. Trois
fois! quatre, cinq,
six fois! Puis la
porte vitrée s'ouvre
sans donner pas-
sage à personne.
Un nouveau si-
lence. Le ton de
la voix redevient
tranquille, natu-
rel.*

Puisque tu es là,
entre! oui entre!
C'est cela
assieds-toi,
là sur ce fauteuil qui avait pris ton em-
    preinte au cours des années!

                              Un silence.

Qu'as-tu à me dire?

                              Un silence.

Allons, parle!

        *Un silence. Avec un peu d'éner-
        vement, presque avec rudesse.*

Parle, mais parle, voyons!

                              Un silence.

Ainsi tu es venu, mais pour garder le
    silence!
C'était donc là tout ton message?
C'est donc pour cela que tu es entré?
Je ne sais pas ce que tu voulais me dire
je ne le sais pas et je ne le saurai jamais
puisque je ne sais pas qui tu es,
pas plus que je ne connais cette pièce
ni cette porte ni ces meubles!

La lumière du soir lance de longs rayons à travers la vitre et décroît peu à peu.

Pourquoi viens-tu me tourmenter
ici où je n'ai que faire moi-même?
Qu'est-ce que c'est que ce rendez-vous
auquel nul n'a convié l'autre
où nous ne savons pas ce que nous avons à
  nous dire?
Laisse-moi donc en paix
dans cette confusion
qui n'appartient pas plus à toi qu'à moi-
  même!
Laisse-moi reconnaître qui bon me semble
dans ce monde qui n'est à personne
et va-t'en : je ne puis aimer ce qui n'a pas
  de visage.

La nuit est tout à fait venue. Sans que l'on entende un seul pas, on devine que quelqu'un s'en va, car la porte vitrée sans bruit se referme. Un silence dans l'obscurité complète, puis on voit bouger la lueur d'une lampe qui semble portée par quelqu'un allant et venant paisiblement dans la pièce à côté. En même temps on entend très doucement et gaiement chantonner la même voix de jeune femme que tout à l'heure.

Avec une sorte de joie perverse et contenue :

Il m'est délicieux d'avoir des souvenirs
     obscurs
et comme antérieurs à ma vie!
Ceux-là, il me semble les avoir choisis de
     toute éternité
dans un apaisement sans fin.
Oui c'était bien ici! Tout se passe
comme si j'avais vécu dans cette maison
Il y avait ceci et cela il y avait la vie
et il y avait mon enfance
qui a duré jusqu'à ma mort
il y avait cette lampe qu'une main très
     douce
portait dans la pièce à côté
il y avait le temps disparu
et cette fenêtre éclairée qui me fait signe
     dans la nuit.

LA VOIX DE JEUNE FEMME, *elle est fraîche
et musicale comme au début, mais main-
tenant c'est une voix du soir, plus douce
et plus tendre, avec la même inflexion
chantante sur la deuxième syllabe.*

Me *voilà*!... Me *voilà*!...

                         A voix basse.

Est-ce que tu dors?

                VOIX DU RÉCITANT
Non je ne dors pas, je veille avec joie
je veille et je t'attends
dans cette maison qui n'est à personne.
J'attends ce que je n'attends pas
je reconnais ce que je n'ai jamais vu
je parle une langue que j'ignore
mais mon cœur bat quand j'entends ta
     voix
car ma folie est égale au hasard
qui nous assemble et nous désassemble

*La lampe s'éloi-
gne, laissant la
scène dans une
complète obscurité.*

dans le profond désordre de tout.
Au fond tout au fond
il y a
l'absence
il y a
la paix!

Rideau

Hiver 1950.

Les temps du verbe

OU

LE POUVOIR DE LA PAROLE
(1955)

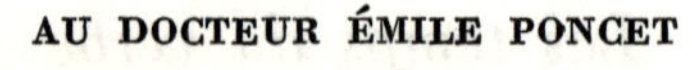

AU DOCTEUR ÉMILE PONCET

LES TEMPS DU VERBE

OU

LE POUVOIR DE LA PAROLE

a été créé le 10 février 1956
au Théâtre de la Huchette

INTERPRÈTES :

Clotilde Joano
Jean-Marie Robain
Jacques Poliéri

PERSONNAGES

ROBERT
ANNA
LE DOCTEUR

La voix de JACQUELINE, *voix d'hommes et d'enfants, la cloche
de l'horloge du village, la clochette de la porte d'entrée, bruits
divers, etc.*

*Les deux actes se passent dans le grand hall d'une maison de
campagne sans âge, assez cossue. A droite, au premier plan, une
porte. Au second plan, de face, un escalier de bois recouvert d'un
épais tapis et aboutissant à une galerie au bout de laquelle, à
l'angle gauche, en haut de la scène, il y a une porte qui donne sur
les chambres du premier étage. Au fond, à gauche, une porte
vitrée par où l'on aperçoit le vestibule d'entrée, lequel donne sur
une cour. A gauche, en pan coupé, une vaste verrière, par où
l'on aperçoit un jardin. Devant cette verrière, une table chargée de
livres et de revues, un guéridon supportant une lampe à grand
abat-jour, quelques fauteuils dont un de face. Pas d'ornements ni
tableaux aux murs; seulement une grande horloge sous la galerie.
L'aspect de l'ensemble est de bon goût, mais sévère.*

ACTE I

*C'est la fin d'une journée d'hiver, un peu avant cinq heures.
Un jour pâle et blanc au-dehors; on aperçoit par la verrière de
gauche le toit recouvert de neige d'une petite grange.*

*Robert est assis à gauche dans un fauteuil face au public, une
couverture sur les genoux. Il a laissé glisser un livre sur la cou-
verture. Il est immobile et paraît dormir, mais ses yeux sont
ouverts; il regarde fixement devant lui.*

*En haut, dans la pénombre qui commence à envahir la pièce,
on voit Anna, après avoir ouvert très doucement la porte, s'avancer
d'un pas ou deux, sans bruit, sur la galerie, se pencher au balcon
et observer un moment Robert.*

*Cinq heures sonnent au clocher proche. C'est le tintement
mélancolique, ancien, un peu fêlé, d'une horloge de village.*

ANNA, *appelant très doucement, presque à voix basse,
pour ne pas réveiller son oncle, car elle le croit endormi.*

Mon oncle!... *(Un peu plus haut :)* Mon oncle!... *(Un peu
plus fort, commençant à s'inquiéter :)* Mon oncle!... *(Robert a
eu un sursaut, mais ne répond pas; il reprend son livre comme
s'il allait se remettre à lire, bien que le jour du dehors soit devenu
insuffisant. D'une voix très douce et très naturelle :)* Vous dor-
miez?

ROBERT, *d'une voix presque imperceptible,
en secouant la tête.*

Non!

ANNA

Vous lisiez?

ROBERT, *même jeu.*

Non! il ne faisait plus assez jour.

ANNA

Il fallait allumer la lampe. *(Elle parcourt la galerie et descend doucement.)* Est-ce bien cinq heures? Déjà cinq heures?!

ROBERT, *avec une sorte de doux entêtement.*

Oui, cinq heures; cinq heures sonnaient!...

ANNA, *venant vers lui.*

Que faisiez-vous dans cette obscurité?

ROBERT, *sans bouger la tête.*

Je ne dormais pas..., je ne lisais pas...

ANNA, *avec un tendre reproche.*

Ce n'est pas bon de rester ainsi, immobile et seul. Il fallait m'appeler.

ROBERT, *avec un soupir, comme s'il n'avait pas entendu.*

Le temps passait...

 La nuit est presque venue. Anna va vers la lampe et l'allume.

ANNA

Sans doute, il passait; sans doute, il passe. N'est-ce pas ainsi qu'il emporte les mauvais souvenirs?

ROBERT, *secouant la tête et insistant.*

Il *passait;* le temps *passait;* mais j'étais justement en train

de me dire qu'il n'emportait rien, que tout était resté ici. Tout!
comme au premier jour.

ANNA

Alors, c'est une consolation si la mémoire...

ROBERT, *interrompant, obstiné, presque en colère.*

Ce n'était pas consolant; ce n'était pas la mémoire. Tu n'as
pas encore compris.

ANNA, *se plaçant devant son oncle.*

Comme je voudrais que vous sortiez de ce mauvais rêve!

ROBERT, *presque durement.*

Quel mauvais rêve?

ANNA, *se laissant tomber dans un fauteuil avec un soupir,*
comme tristement résignée à l'inutilité de ses efforts.

Oh! rien! Cette vie que vous menez là, enfermé dans le passé.

ROBERT, *avec force, mais toujours sans bouger.*

Tout est passé : cette cinquième heure qui sonnait à l'instant,
comme celle d'hier, d'avant-hier, du mois dernier, de l'an der-
nier, d'il y a cinq ans, comme celle de ce jour où... *(Il n'achève*
pas et met sa main sur ses yeux comme pour écarter une image
douloureuse.) ... Tout désormais, est *passé! (Un temps. Anna*
prend un livre et le feuillette, puis elle jette un rapide coup d'œil
sur sa montre-bracelet. Robert a vu son geste.) Tu... attendais
quelqu'un?

ANNA, *comme si elle n'avait pas entendu la question.*

Bientôt l'heure de s'occuper du dîner... *(Elle se lève, repose*
le livre sur la table, puis se ravisant.) ... Mais... et notre lecture
du soir?

ROBERT, avec gentillesse.

Je l'espérais un peu, c'est vrai... mais si tu attendais quelqu'un...

ANNA, de nouveau feignant de ne pas avoir entendu,
et presque joyeusement.

Eh bien, je reste!... Voyons, que lirons-nous? *(Elle reprend le même livre.)* ... Encore l'anthologie des auteurs du Moyen Age? C'est drôle, je tombe toujours sur cette fameuse page de l'abbé de Sully!... Dois-je la lire une fois de plus? *(Robert acquiesce de la tête.)* Sommes-nous donc fascinés par cette page? Comme le vieux moine par cet oiseau?

ROBERT, rectifiant avec un faible sourire.

Ce n'était pas un oiseau, c'était un ange déguisé en oiseau.

ANNA

C'est vrai!...

ROBERT

Lis donc à partir du moment où le moine, dans le jardin, est émerveillé par le bel oiseau qui l'entraîne peu à peu hors de l'abbaye... Non, lis plus loin, lorsque l'oiseau, ayant chanté, s'envole et que le moine veut revenir à l'abbaye...

ANNA

...et que personne ne le reconnaît, ni le portier, ni l'abbé, ni le prieur!... *(Riant.)* A quoi bon lire; vous savez ce conte par cœur!

ROBERT

Alors lis seulement la fin!

ANNA, lisant lentement.

« Lors s'aperçut le bon homme de la merveille que Dieu lui avait faite, et, comme par son ange hors de l'abbaye l'avait mené; et pour la beauté de l'ange et pour la douceur de son chant, lui avait démontré tant comme lui plut de la beauté et de la joie qu'ont les amis de Notre-Seigneur au Ciel. Si s'émerveilla étrangement que trois cents ans avait vu et écouté cet oiseau, et pour le grand délit qu'il en avait eu, ne lui semblait que tant de temps fût trépassé, mais que tant comme il a jusqu'à midi; et s'émerveilla moult que dedans trois cents ans n'était envieilli, ni sa vêture usée, ni les souliers percés. »

ROBERT, *avec une nuance de mélancolique humour.*

Oui! c'est bien là ce conte ravissant que tu me lisais!

ANNA, *comme si elle était étonnée.*

Que je vous « lisais »? Mais... vous venez de recevoir ce livre il y a seulement deux ou trois jours!

ROBERT

Je ne disais pas autre chose! il y a deux ou trois cents ans, c'est cela. Tout se passait hors du temps dans ce conte; c'était la *vérité!...*

ANNA, *d'une voix très douce et très naturelle,*
persuasive sans pathétique.

Cher oncle, je vous en supplie; revenez sur la terre, sur la terre de maintenant!

ROBERT, *continuant son rêve.*

Oui. Un jour... j'ai été attiré hors de chez moi par je ne sais quel sortilège. Le temps resplendissait. La lumière et la joie, le tumulte des choses ruisselaient. Je me suis attardé un instant dans ce paradis — et quand je suis revenu, j'étais devenu vieux, vieux, vieux! et ceux que j'avais aimés... avaient disparu... depuis des années et des années!

ANNA

Ce n'est pas gentil pour moi; je suis encore là!

ROBERT

Pardon, ma pauvre Anna! je pensais à ma femme, à mes enfants, qui faisaient cette maison joyeuse. Tu n'es venue que bien plus tard partager ma solitude. Et tu sais combien je t'en ai été reconnaissant.

ANNA, après un instant de silence,
presque avec désespoir.

Vous aimez trop ce conte du Moyen Age. Il vous émeut trop, il vous fait du mal. Je ne vous le lirai plus!

ROBERT, après un silence où il a semblé reprendre pied dans la réalité, tourne lentement la tête et pose son regard sur Anna. Avec un accent indéfinissable, presque triomphant, presque délirant, en insistant sur les verbes au passé.

J'aimais que tu me lises ce conte. *J'aimais* ta voix! Je te *demandais* de me le relire souvent.

ANNA, se prenant la tête à deux mains.

Mon Dieu, allons-nous rester ainsi toujours en proie à ce jeu cruel? Voulez-vous donc que moi aussi je parle au passé?

ROBERT, avec une terrible douceur.

J'ai souhaité cela, en effet, de ton dévouement. *(Tout à coup la clochette de la porte d'entrée retentit. Anna se lève, brusquement envahie par une nervosité qu'elle ne réussit pas à dissimuler. Robert, avec calme.)* Je savais bien que tu attendais quelqu'un.

ANNA

Mais non, je vous assure..., c'est un visiteur imprévu.

ROBERT, imperturbable.

Comment savais-tu que ce fût *un* visiteur?

La sonnette tinte une seconde fois.

ANNA, sans répondre.

Attendez, je vais voir...

> *Elle se dirige vers la porte vitrée donnant sur le corridor. A ce moment, Robert se lève, avec lenteur, pose sa couverture sur le dossier du fauteuil et se dirige vers l'escalier.*

ROBERT

Non!... *(Sur le ton du récit.)* Lorsqu'un visiteur *sonnait*, je *montais* aussitôt dans ma chambre...

> *Il commence à monter l'escalier.*

ANNA, inquiète.

Ne viendrez-vous pas voir qui est ce visiteur? C'est peut-être un ami!

ROBERT, continuant sa phrase
comme s'il lisait dans un livre,
tout en montant l'escalier.

...et l'on ne me voyait plus reparaître jusqu'à ce que l'étranger se fût retiré.

> *Anna ouvre la porte vitrée du hall, va dans le vestibule et ouvre la porte d'entrée. Paraît le docteur; il porte une épaisse pèlerine et une casquette de fourrure sur laquelle brille un peu de neige. Pendant ce temps, Robert a traversé la galerie et a disparu par la porte donnant accès aux chambres. Anna et le docteur se sont serré la main sans un mot. Anna aide le docteur à se débarrasser de son manteau, de son cache-nez, de sa toque, qu'elle pend à un porte-manteau après les avoir secoués pour en faire tomber la neige. Le docteur apparaît en un costume de chasse ou de montagne très simple, veste de velours boutonnée jusqu'au col, culotte courte, bottes montant jusqu'au-dessous du genou.*
>
> *Anna invite, d'un geste, le docteur à entrer dans le hall. Il entre, elle le suit, et referme sur eux la porte du vestibule. Puis, tandis que le docteur regarde la pièce autour de lui, avec une sorte de satisfaction, elle s'avance au premier plan*

et, se retournant, jette un coup d'œil sur l'escalier et la galerie pour voir si Robert s'est bien retiré. Rassurée, elle revient vers le docteur.

LE DOCTEUR

Enfin, chère Anna, après tant d'années, me revoici, en face de vous, dans cette maison où nous avons vécu enfants... Mais, au fait, est-ce que nous nous disions « vous » ou bien « tu »?

ANNA, *souriant et le dévisageant franchement.*

Voyons, Jacques! certainement « tu »! et, pourtant...

Elle hésite un instant.

LE DOCTEUR, *allant au-devant de ce qu'elle va dire.*

Et pourtant cela nous paraît difficile maintenant, n'est-ce pas?

ANNA, *détournant un peu la tête.*

Oui, peut-être... *(Se reprenant.)* Mais ce n'est pas à cause des années, Jacques, c'est à cause de tout ce qui s'est passé dans cette maison, de tout ce qui a disparu... *(Baissant un peu la voix et désignant l'étage au-dessus d'un geste à peine ébauché.)* ...et surtout à cause de...

LE DOCTEUR, *baissant le ton aussi.*

Comment le trouvez-vous en ce moment? *(Anna hoche la tête sans répondre. Très « médecin ».)* Nous verrons cela... *(Il fait quelques pas dans la pièce.)* ... Oui, notre joyeux tutoiement d'enfants ne convient plus à ces murs... Pourtant, je m'attendais à trouver la maison plus triste. J'avoue qu'en entrant, ce que j'ai éprouvé tout de suite, c'était un sentiment d'apaisement et non de tristesse... ou d'inquiétude... C'était peut-être à cause de votre présence, Anna... *(Il revient vers elle et lui prend les mains.)* ... Toute votre personne respire le calme, la sérénité, une sorte de sagesse, avec... oui, au fond, un goût secret pour la gaieté... Ce dernier trait, sans doute, était plus

accusé, dans votre enfance. Un tourbillon de joie et de malice,
voilà ce que vous étiez.

ANNA, *avec une résignation très naturelle.*

Ce n'est plus tout à fait cela... évidemment.

LE DOCTEUR

Et pourtant, si, je vous assure, il y a quelques minutes
seulement que je vous ai revue, après... *(Il hésite.)* vingt
ans...

ANNA, *l'interrompant avec une tranquille assurance,*
une pointe d'humour.

Vous pouvez dire vingt-cinq!

LE DOCTEUR, *continuant.*

...après vingt-cinq ans et, déjà, je me sens gagné par votre
calme, votre équilibre. Certainement, Anna, votre présence
ici est rassurante.

ANNA, *avec intérêt.*

Vous avez besoin, vous aussi, d'être rassuré, Jacques?
Vous...

LE DOCTEUR, *se rembrunissant et l'interrompant.*

Laissons cela, voulez-vous? Je suis médecin; je n'ai besoin
de personne; je m'observe et je me soigne comme si j'étais
un autre, un de mes anciens malades... *(Changeant de ton,
avec une bonhomie robuste.)* Car vous savez, il y a près de quatre
ans que j'ai cessé d'exercer!

Anna le conduit à gauche, vers le coin de la fenêtre,
des fauteuils et de la table.

ANNA, *s'arrêtant avant de s'asseoir*
et le regardant gravement.

Pourquoi, ou pour qui, avez-vous désiré venir, Jacques?
Pour la santé de... *(Léger signe de tête.)* ...ou pour vous-même?

LE DOCTEUR

Pour les deux, et aussi pour... *(Il n'achève pas et brusquement :)* De toute façon, il valait mieux ne pas préciser; c'est pourquoi je vous ai annoncé ma venue par un simple télégramme... *(S'asseyant.)* Mais en réalité, Anna, je compte bien rester quelque temps ici. Vous... ne refuserez pas l'air de la montagne et le silence de cette grande maison à un convalescent, non?

ANNA, *riant.*

Comme vous y allez! Et si je ne *pouvais* pas vous recevoir?

LE DOCTEUR, *avec une douce fermeté.*

Vous le pourrez certainement, Anna!

ANNA, *s'asseyant et devenant soudain plus grave.*

Et si... lui, ne *voulait* pas... que vous restiez?

LE DOCTEUR

Pour cela, nous verrons... Il ne me détestait pas autrefois, bien au contraire! A-t-il donc changé à ce point?

ANNA, *baissant le ton.*

La présence des autres lui fait mal. Il ne supporte que moi. Il a du mal à se supporter lui-même..., il dit... *(Elle hésite.)*
  Le docteur a pris sur la table le livre dont Anna a lu un passage à Robert au début de la pièce. Il le feuillette distraitement, en écoutant parler Anna. Aux derniers mots qu'elle vient de prononcer, il s'arrête et la regarde vivement.

LE DOCTEUR, *très attentif.*

Je vous écoute!

ANNA, *à voix basse.*

Il dit que le seul moyen, pour lui, de rejoindre sa femme et ses enfants, c'est de vivre *dans* le passé, avec eux. C'est au point que...

LE DOCTEUR

Mais il y a des quantités de gens qui parlent ainsi. C'est une sorte de réflexe psychologique, un mécanisme compensateur qui vient à notre secours lorsque notre esprit souffre de la privation brutale d'un être, d'une présence aimée..., habituelle...

ANNA, *après un instant,*
le regardant avec une légère ironie.

Merci, docteur, pour ce petit cours!... Vous êtes tous les mêmes; vous avez la manie de tout expliquer, de tout rendre « clair »..., mais vous ne m'avez même pas laissée finir ma phrase.

LE DOCTEUR, *souriant.*

Pardon. Je vous écoute.

ANNA, *à voix de plus en plus basse.*

Je me suis mal expliquée. Du moins... imparfaitement. S'il ne s'agissait pour lui que de vivre par l'imagination dans le passé, de plonger dans sa mémoire pour apaiser la soif qu'il a de ce passé, vous avez raison; cela serait encore presque... normal. Malheureusement, il va beaucoup plus loin.

LE DOCTEUR, *à voix basse, avec une nuance ironique.*

Comment cela? Est-ce qu'il évoque les esprits?

ANNA, *à voix basse.*

Non, pas cela non plus. Il ne croit pas au surnaturel. Son délire — car c'est un vrai délire tout de même, un délire d'autant plus terrible qu'il est permanent, calme et, pour ainsi dire, naturel —, son délire est un délire logique. Il dit que, par un simple effort de la volonté, par un très léger décalage, on peut vivre comme si, à tout moment de notre vie, tout était toujours aboli, comme si nous vivions, non pas dans ce temps présent où nous sommes, mais dans un temps constamment dépassé, dans le monde des êtres et des choses disparus...

Pendant qu'elle parle, on entend la porte de la galerie grincer très légèrement : quelqu'un l'ouvre.

LE DOCTEUR, *intéressé.*

Comment parvient-il à ce... résultat?

ANNA, *le regardant avec inquiétude.*

Vous n'allez pas être pris vous-même par cette... monomanie?

LE DOCTEUR, *sans répondre à sa question,
lui prenant la main.*

Continuez, Anna. Comment fait-il pour vivre ainsi le passé, dans le présent?

ANNA

C'est très difficile à expliquer et pourtant enfantin; il s'entraîne à une sorte d'exercice spirituel, par le moyen du langage. *(Le grincement de la porte se faisant plus insistant, Anna l'entend, s'arrête brusquement et met un doigt sur ses lèvres. Jacques dépose sur la table le livre qu'il tenait. On voit nettement, là-haut, la porte s'entrouvrir. D'une voix normale.)* Vous ne voulez pas une tasse de thé, Jacques? Vous avez dû vous geler, sur la route qui monte de la gare.

LE DOCTEUR, *même ton.*

C'est vrai, Anna! J'avais oublié tout cela. Le courant d'air glacé qui monte de la vallée..., le grondement du torrent sous le pont. Un peu de thé chaud viendrait à point... *(Déjà Anna s'élance vers la droite.)* Ah!... avec un peu de rhum, s'il vous plaît!

Anna disparaît par la petite porte de droite. Robert sort lentement par la porte du haut et commence à parler sans élever la voix, tandis qu'il longe la galerie et descend l'escalier. Il a une sorte de « plaid » sur les épaules.

ROBERT

Je m'inquiétais; je n'entendais plus rien! Pourtant, j'avais reconnu une voix sympathique!... *(Robert est maintenant dans le hall et s'avance vers Jacques. Celui-ci se lève et va au-devant de lui. Les deux hommes se serrent la main longuement. Dévisageant le docteur.)* Tu n'as pas changé tellement, Jacques. Tu étais un joyeux garçon, une petite toupie chantante!

LE DOCTEUR

Et vous, oncle Robert, je vous retrouve tel que toujours. Comment le Dieu de ce village et de cette maison pourrait-il changer? Vous êtes perpétuel, immuable.

ROBERT, *avec une amertume*
et un sous-entendu indicibles.

Immuable, oui, cela devait être cela; quand on a pris le parti que j'ai pris... As-tu fait bonne route?

LE DOCTEUR

On dirait que vous trouvez ma présence ici toute naturelle. Qui vous a prévenu?

ROBERT

Je me suis douté de ton projet à certains signes d'impatience, de nervosité que je constatais chez ma nièce...

LE DOCTEUR

Pourquoi ma venue l'aurait-elle rendue nerveuse? Je ne comprends pas.

ROBERT, *souriant.*

Ne m'interromps pas. Je savais que tu avais été malade, que tu avais besoin de l'air de la montagne...

LE DOCTEUR

En effet, c'est un peu pour cette raison que je suis venu. *(Avec entrain, prenant le bras de Robert.)* ... Cher oncle Robert, c'est vous qui serez mon médecin!

ROBERT, *le regardant attentivement.*

Pourquoi ne m'as-tu pas prévenu?

LE DOCTEUR, *d'abord embarrassé,*
puis reprenant rapidement de l'assurance.

Je ne sais pas... Peut-être... pour vous faire une surprise, peut-être aussi par peur de...

ROBERT

Peur de quoi?

LE DOCTEUR

De ce que j'avais entendu dire à votre sujet...

ROBERT, *tout en s'asseyant*
et en invitant le docteur à s'asseoir.

Et que disait-on à mon sujet?

LE DOCTEUR, *s'asseyant.*

Que vous étiez devenu très sauvage, que... vous étiez décidé à fermer votre maison... aux importuns...

ROBERT, *comme pour lui-même,*
continuant à regarder le docteur.

« J'étais devenu », dis-tu, « j'étais décidé »...? Ne trouves-tu pas ces paroles étranges?

LE DOCTEUR, *étonné, cherchant à comprendre.*

Mais... non... pourquoi?

ROBERT, *changeant d'idée.*

Rien. Non, rien. Ta présence ici n'a jamais été importune. Elle ne l'a jamais été, elle ne l'était pas davantage aujourd'hui.

LE DOCTEUR, *fixant Robert à son tour et répétant ses paroles tandis qu'il commence à comprendre.*

Elle ne « l'était » pas davantage... aujourd'hui?... Elle « n'était » pas? (*Il semble avoir compris, et, soudain, prend le ton en apparence « naturel » de quelqu'un qui « entre dans le jeu ».*) Et... que *faisiez-vous*..., aujourd'hui..., en attendant ma visite?

ROBERT, *souriant tristement.*

En attendant cette visite... que je n'attendais pas? Rien d'autre que tous les autres jours. Le temps passait, les heures sonnaient, les saisons se succédaient...

LE DOCTEUR, *après un silence, rapprochant son fauteuil et prenant le bras de Robert.*

J'étais là-bas dans ce satané pays où j'ai laissé ma santé, lorsque j'ai su l'affreuse nouvelle. Peut-être la lettre que je vous ai écrite aussitôt ne vous est-elle jamais parvenue? Peut-être n'avez-vous pas su combien j'étais moi-même bouleversé?

ROBERT, *avec un geste d'indifférence désabusée.*

Peut-être!

LE DOCTEUR, *regardant Robert avec une insistance affectueuse.*

Je devine, je *sais* qu'à partir de ce jour-là, à partir de... l'accident, vous ne vous êtes plus senti le même. Est-ce que je dis vrai? (*Robert, sans un mot, acquiesce d'un signe de tête. Le docteur, après un silence, donnant l'impression soit qu'il hésite à dire ce qu'il a à dire, soit qu'il cherche une idée, un prétexte pour « faire parler » le malade, au sens psychanalytique du mot.*) Voyez-vous..., oncle Robert, il faut... que vous m'aidiez à chasser de mon esprit une pensée..., une pensée qui ne m'est venue que tout récemment, mais qui m'a fait terriblement mal.

ROBERT

Quelle pensée, Jacques?

LE DOCTEUR *se tait un moment, puis à voix basse.*

Je vais vous le dire très rapidement, pendant qu'Anna prépare le thé.

ROBERT

C'est d'elle qu'il s'agit?

LE DOCTEUR, *dans un souffle.*

Oui... Il y a quelques semaines à peine, quelqu'un d'ici que j'ai rencontré à Paris...

ROBERT

Qui?

LE DOCTEUR

Peu importe, je vous le dirai après. Quelqu'un a insinué que, peut-être..., si votre femme et vos enfants... étaient morts, c'était... à cause d'Anna! *(Robert sursaute.)* Oh! pas un crime, bien sûr, pas même une « intention », mais une négligence... tout de même inadmissible. C'était bien elle qui conduisait la voiture?

ROBERT, *indigné.*

Qui conduisait? Mais jamais de la vie! Qui a pu dire une bêtise pareille? Ou une pareille infamie?... Anna venait de partir, elle n'était plus dans la voiture...

LE DOCTEUR

Elle venait de partir? Alors, comment cela s'est-il passé? Qui fut coupable?

ROBERT

Mais personne, personne d'autre qu'un horrible destin. Jacqueline elle-même conduisait. C'est elle qui s'est tuée et nos enfants sont morts avec elle.

LE DOCTEUR, *regardant Robert avec force.*

Racontez-moi tout! Revivez ce moment, pour moi qui étais absent!

ROBERT

Je n'ai cessé de le revivre depuis lors.

LE DOCTEUR

Ne le revivez pas seulement, rejouez-le! J'aimais tant Jacqueline et les petits. Toute ma jeunesse était liée à leur vie, à cette maison. Il me semble que j'aurai moins de chagrin si je peux tout reconstituer. Il me semble que vous aussi, vous souffrirez moins si je peux partager avec vous ce souvenir.

> *Pendant ce temps, Anna est apparue à la porte dans la pénombre, portant un plateau. Elle reste un moment immobile, écoutant et regardant la scène. Le docteur l'aperçoit et lui fait signe de partir. Elle repart sur la pointe des pieds et referme doucement la porte derrière elle.*

ROBERT, *d'abord lentement, puis s'animant peu à peu.*

Ce jour-là — un jour d'hiver semblable à celui-ci — il y avait ici encore plus de vie et plus de tumulte qu'au temps de ton enfance. Jacqueline et Anna se préparaient à partir, Anna pour un long voyage à l'étranger et Jacqueline devait l'accompagner jusqu'à la gare. Craignant pour elles la neige, le verglas, je cherchais à les retenir et surtout à ne pas laisser partir les enfants avec elles. Mais j'avais auprès de moi deux amis, grands chasseurs, qui se moquaient de mes craintes... *(Cependant qu'il parle, on commence à entendre des pas pressés, pas de femmes et d'enfants, courir dans la maison, monter et descendre l'escalier et arpenter la galerie, sans que l'on voie personne, la pièce étant plongée dans l'obscurité, sauf le très court halo de la lampe. De temps en temps, des portes claquent, des voix d'homme et de femme s'interpellent dans la coulisse sans qu'on distingue les paroles. On entendra aussi le vent, la sonnette de l'entrée, le ronflement du moteur qu'on met en marche, etc.)* ... Quel tapage! quelle joie! Ce n'était pas longtemps après Noël. Souvent la sonnette de la porte retentissait, on apportait des cadeaux de retardataires, des lettres, des cartes venues des pays étrangers ou bien des gens du village venaient en délégation pour les étrennes d'usage... *(Il se lève, va et vient, joue tous les personnages et ses paroles se détachent en surimpression sur les bruits de la maison et du dehors.)* « ... Jacqueline, ne pars pas, je t'assure, ce verglas est excessivement dangereux! Tu vas déraper... — Robert, fiche-leur donc la paix, tu vois bien qu'elles ont quelque chose à acheter en ville. Un bout de tissu de quatre sous, tu ne te rends pas compte, ça vaut bien d'affronter la neige, et les précipices, quand on est une jolie femme..., pardon, *deux* jolies femmes. — Ne plaisantez pas, je vous en prie, c'est stupide, et surtout n'emmenez pas les enfants. Si ça vous amuse d'avoir un accident, c'est votre affaire, mais vous êtes responsables des petits, ne les emmenez pas! ne les emmenez pas!... » Mais j'avais beau crier, menacer, on ne m'entendait pas. Anna, seule, hésitait, craignant de m'inquiéter. Mais ma femme était enragée. Elle aimait le vent vif, elle voulait conduire comme toujours, toutes vitres baissées, humant délicieusement l'air froid. Mes amis approuvaient : rien de plus salubre! Parbleu, des colosses pleins de santé, ne craignant ni chaud ni froid!... *(S'arrêtant un instant, rêveur).* Comme il était heureux, joyeux, ce bruit d'une maison pleine de rires, de cris, de pas pressés!...

> *Peu à peu les bruits de coulisse s'apaisent et on entend le bruit d'une auto qui s'éloigne.*

UNE VOIX DE FEMME, très loin.

Adieu!...

> *Puis, c'est le silence total.*

ROBERT

... Et puis, vers deux heures de l'après-midi, elles sont parties... et j'ai attendu, j'ai attendu une heure, deux heures...

trois heures... (*La même cloche que tout à l'heure égrène au loin cinq heures. Aussitôt après retentit la sonnette de l'entrée.*) Et alors, peu après cinq heures, j'ai reçu la visite d'un voisin. Il avait l'air embarrassé. Je me demandais ce qu'il venait faire. Il venait de la mairie, il me parlait du prix des grains, des coupes que l'on faisait dans les bois communaux... Il m'a parlé longtemps, longtemps. Il me semblait que cette visite devenait de plus en plus pesante, de plus en plus interminable. Enfin, tout à coup, sa voix a changé, il avait des larmes plein les yeux. Il les essuyait maladroitement avec sa manche...

LE DOCTEUR, *très doucement.*

Si cela vous est trop pénible, oncle Robert, arrêtez-vous!

ROBERT, *continuant sans entendre, l'œil sec.*

« Vous savez, disait-il, il y a quelquefois des choses... qu'on ne peut pas prévoir. — Mais quoi donc? — Je ne sais pas..., je ne peux pas dire... — Mais quoi, mais quoi? Mais parlez donc! — La voiture... — Quelle voiture? — Eh bien, votre voiture. Il paraît..., le dérapage..., le torrent... » Et puis tout à coup il a tout dit : Jacqueline avait conduit Anna à son train, puis elle s'était attardée en ville, avec les enfants. Tous les trois, ils avaient visité deux ou trois magasins, ils avaient acheté une écharpe et des gants pour moi, et puis ils étaient rentrés et... au tournant de la côte avant le village... la voiture avait glissé... Notre volonté ne peut rien... A droite, à gauche? Il n'y a plus qu'à attendre... que tout soit fini... (*Un long silence.*) Une heure après, on amenait ici les trois corps. J'étais seul tout à coup. Je suis resté seul...

Il reste un long moment immobile, l'œil fixe, et ne paraît pas s'apercevoir de l'arrivée d'Anna apportant le plateau sans faire de bruit. Elle et le docteur échangent un long regard.

ANNA, *après un moment
pendant lequel elle a servi le thé.*

Mon oncle, vous ne m'en voulez pas, j'espère, de ne pas vous avoir prévenu de l'arrivée de Jacques?

ROBERT, *sans bouger la tête.*

Je savais qu'il viendrait!

Un temps. Le docteur tourne une cuillère dans sa tasse de thé, longuement, semblant réfléchir.

LE DOCTEUR, *adressant un imperceptible signe de tête à Anna, comme pour l'avertir qu'ils vont être complices, elle et lui, de ce qu'il va dire.*

Oui, c'est ainsi, n'est-ce pas..., que vous êtes parti avec eux..., que vous vous êtes enfoncé dans le passé... *(Anna a un geste de surprise indignée. Le docteur l'arrête de la main, sans que Robert paraisse apercevoir ce jeu de scène. Le docteur continue.)* Ne sommes-nous pas emportés par le même torrent? N'est-ce pas vous qui avez raison? *(Anna se lève brusquement, comme pour protester. Le docteur lui adresse encore un geste qui est peut-être un geste d'apaisement, peut-être un geste de connivence. Désignant Anna.)* Tenez, Anna apportait le thé, Anna parlait, se taisait, Anna se levait soudain... Quel apaisement de se dire qu'aucun de nos gestes, aucune de nos paroles ne nous appartient jamais. Aussitôt dit, aussitôt fait, tout s'éloigne de nous..., que dis-je : tout *s'éloignait!* Si nous parlions toujours ainsi, nous serions d'avance disparus, nous effacerions toutes nos traces au fur et à mesure de nos pas..., rien ne pourrait plus nous atteindre. Plus de surprises, plus d'événements, plus d'accidents pour quiconque s'est délibérément jeté lui-même dans le passé! *(A Robert :)* ... N'ai-je pas compris votre pensée?

ROBERT, *étonné, mais dans une sorte d'extase.*

Toi seul as compris.

Le docteur adresse encore à Anna un regard. Celle-ci se rassoit, sans comprendre, mais résignée.

LE DOCTEUR

Là... là... Anna s'asseyait. Elle aussi *avait* compris. *(Anna paraît accablée. Le docteur se lève et arpente la pièce.)* Il me semblait que j'avais toujours connu cette maison..., pas seulement pendant ma vie. Bien avant ma naissance... dans un temps lointain, aboli, à jamais présent. *(Il revient vers la table et éteint la lampe. Le reflet blanc du clair de lune sur le jardin plein de neige envahit la pièce. Il va vers la fenêtre et regarde au-dehors.)* Oui, j'entendais la maison glisser lentement dans ce paysage, j'allais et venais dans un temps sans limite... Les saisons passaient sans bruit sur le jardin à pas feutrés de neige, à pas feutrés de feuilles, ou de pluie, ou d'herbes folles..., et moi, j'étais toujours là..., auprès de tous ceux que j'aimais... Étaient-ils absents, étaient-ils présents, vivants ou morts?... Comme elle m'importait peu, cette nuance imperceptible! De toute façon, tout avait disparu, ceux que j'avais connus, ceux qui étaient là, ceux qui n'y étaient pas, et moi-même qui pourtant regardais ce clair de lune que voilà...

Un silence.

LE ROBERT, *continuant comme à l'unisson.*

Tu étais descendu à la gare, en bas du village, quand le nom du pays retentissait dans l'air parfumé de menthe ou de givre. Et, tandis que l'employé du train agitait sa petite lanterne dans la nuit, faisant sonner les roues avec son long marteau, tu avais dévalé le haut escalier, salué au passage par l'hôtelier sur le pas de sa porte. Puis tu avais franchi le pont sur le torrent qui grondait, tout en bas, au milieu des rochers et tu étais monté lentement jusqu'ici.

Anna a rallumé la lampe et s'est levée, ne pouvant y tenir.

LE DOCTEUR, *avec intention, parlant pour elle.*

Oui, il me semblait que j'avais toujours vécu dans cette maison. Et pas seulement dans mon enfance..., quelqu'un m'y attendait peut-être...

Anna, qui paraît en proie à une émotion insoutenable, fait quelques pas vers la porte de droite.

ROBERT, *qui suit la même idée.*

Tu attendais une personne qui se taisait... et qui peut-être, elle aussi, t'attendait.

Elle n'en peut plus; sans attendre les derniers mots, elle a disparu en courant et en pleurant vers la porte de droite.

Rideau

ACTE II

Même décor, quelques semaines plus tard. Une belle fin de journée d'hiver, claire et ensoleillée. Il doit être environ quatre heures et demie.

Anna, un fichu sur la tête, un torchon à la main et juchée sur un escabeau, a interrompu le ménage qu'elle était en train de faire pour essayer de remonter la pendule. Au pied de l'escabeau, un balai.

> LA VOIX DU DOCTEUR, *appelant dans le jardin,*
> *du côté de la porte d'entrée.*

Anna!... Anna!...

Anna hésite un instant, puis redescend de l'escabeau, laissant ouverte la porte vitrée de la pendule.

> LA VOIX DU DOCTEUR, *plus proche.*

Anna!... Anna!...

Anna, sans répondre, se remet à balayer. La porte du vestibule s'ouvre. Paraît le docteur avec sa toque et sa pèlerine. Il referme la porte derrière lui, s'ébroue, quitte son manteau et sa toque, et entre dans le hall.

> LE DOCTEUR

Ah! tu étais là? On m'avait dit que tu étais dans le jardin.

ANNA, *s'arrêtant et le regardant avec un sourire innocent,
mais un peu gênée tout de même.*

Non... je balayais...

*Le docteur la considère un moment, puis regarde autour
de lui. Ses yeux se posent enfin sur l'escabeau, puis
remontent jusqu'à la pendule.*

LE DOCTEUR

Ah!... tu balayais?... Tu essayais aussi de remettre en marche
la pendule, non?... Anna, et nos conventions?

ANNA, *posant le balai et passant sa main sur ses yeux
dans un mouvement d'exaspération.*

Nos conventions! Nos conventions! « On m'avait dit », « Tu
balayais », « Tu essayais »! Toujours, toujours ce cauchemar!
Mais où veux-tu en venir? Pourquoi abonder ainsi dans le
sens de mon oncle? Ce n'est pas cela qui le guérira et c'est
nous qui deviendrons fous!

LE DOCTEUR, *allant vers elle et lui prenant les mains
avec tendresse.*

Détrompe-toi, Anna! il va mieux, beaucoup mieux. Déjà il
s'intéresse à autre chose qu'à sa douleur et à ses souvenirs.
Il songe à notre union prochaine, il m'en parle...

ANNA, *dégageant ses yeux qui sont rougis de larmes.*

Qu'importe, s'il en parle au passé!... Quand je l'entends, je
suis prise de panique : il me semble que notre... avenir est
déjà révolu, qu'un abîme s'ouvre devant nous!

LE DOCTEUR

Non, Anna! qu'il nomme l'avenir d'un autre nom, c'est quand
même ce qui va venir, ce que nous attendons! Songe à tout
ce qui a changé ici, depuis mon arrivée!

ANNA, *s'asseyant d'un air las sur l'escabeau et dénouant*
le fichu qui couvre ses cheveux.

Vous autres médecins, on ne sait jamais quand vous parlez
en tant que praticien ou en tant qu'homme. M'aimes-tu ou
bien es-tu venu pour guérir... trois malades?

LE DOCTEUR

Je te pardonne cette remarque, parce que tu n'en peux plus,
parce que tu es lasse de la comédie que nous jouons. *(Il lui*
prend le bras et la dirige vers le coin de la fenêtre.) ... Viens
t'asseoir ici!..., tu as oublié une malade : cette maison. Depuis
que je suis ici, tu as le temps de t'en occuper. Les couleurs
de la santé reviennent sur les murs, les cheminées respirent,
les paupières des volets battent au soleil...

Elle s'est assise dans un fauteuil à côté de la fenêtre.
Lui s'est assis sur le bras du fauteuil.

ANNA, *penchant sa tête sur le bras droit du docteur.*

Comme c'est agréable de t'entendre parler au présent!

LE DOCTEUR, *de son bras gauche montrant le jardin.*

Et vois, ce n'est pas tout : un jour où il ne neigeait pas, j'ai
taillé les rosiers, les arbres fruitiers. Ce sont aussi mes malades;
une vraie clinique! mais, encore une fois, ce n'est pas tout!

ANNA, *avec une tendre ironie.*

Qu'est-ce qu'il y a encore, incorrigible docteur?

LE DOCTEUR

Rien qui ne soit d'heureux augure. Je reviens de la ville
où j'ai été consulter mon vieil ami d'enfance, devenu le meilleur
radiologue de la région. Eh bien! Anna... *(Se penchant vers elle*
en articulant avec soin.) ...je suis guéri, tu entends : guéri!
Nous pouvons nous marier bientôt, demain, quand tu voudras.

ANNA, *pour toute réponse,*
lui prend la main et la pose sur sa joue.

Tu m'as guérie, moi aussi, Jacques; je ne pensais pas que je
pourrais m'arracher à ce monde de fantômes. J'étais partie avec
notre pauvre malade. Tu m'as ramenée de très loin... et main-
tenant tu me guéris doublement.

LE DOCTEUR, *se moquant gentiment.*

Pourtant, vois! tu parles encore au passé. Tu ne diras pas
que c'est de ma faute. Regarde, moi, j'ai gardé l'usage de tous
les temps du verbe — et surtout du futur!

ANNA

Moi aussi, Jacques, et c'est le temps qui m'est le plus cher.
Mais, précisément, quand *pourrons-nous* laisser notre malade?
Quand aura-t-il recouvré toute sa raison?

LE DOCTEUR, *se relevant d'un coup de reins*
et allant de long en large, rêveur.

Le pire, c'est qu'il n'est pas fou du tout! Bizarre maladie!
Est-ce une maladie des sentiments, ou de l'esprit? Est-ce une
pure question de mots? *(S'arrêtant et se plantant droit devant*
elle, les bras derrière le dos.) Ma parole, il me semble parfois
que ce n'est pas un médecin qu'il lui faudrait, mais un gram-
mairien!

ANNA

Ne dis pas de bêtises! Tu sais bien ce qu'il y a de profond,
de terrible dans son mal. Il n'est plus parmi nous, il nous parle
du fond des années, il accompagne nos paroles et nos gestes,
mais il y a entre nous et lui comme une vitre épaisse qui nous
sépare plus sûrement que la plus haute muraille... Parfois, quand
il est là, devant moi, et qu'il se tait, il me semble qu'il disparaît
peu à peu, sans bouger de sa place, comme... comme... une
photographie imparfaitement fixée s'efface à la lumière du jour.

Le docteur paraît frappé de ce qu'elle vient de dire.
Il se penche en avant, pose ses deux mains sur le bras du
fauteuil où Anna est assise et la regarde dans les yeux.

LE DOCTEUR, *vivement.*

Qu'est-ce que tu dis là?

ANNA, *étonnée.*

Mais, rien que tu ne saches, je suppose. N'as-tu pas éprouvé toi-même ce sentiment?

LE DOCTEUR

Si, si, bien entendu, mais... il y a quelque chose de plus, ou quelque chose de plus grave encore.

ANNA

Quoi donc?... *(Parlant d'un ton plus bas.)* Ne parlons pas si fort, veux-tu, il pourrait nous entendre.

LE DOCTEUR, *baissant la voix.*

Ce n'est pas seulement *nous* qui avons l'impression d'être séparés de lui par cette vitre dont tu parles. *Lui-même* semble parfois se conduire comme s'il ne *nous voyait pas.* ... C'est là un des symptômes les plus graves et les plus douloureux d'un mal profond de l'esprit; le malade s'enferme en lui-même et le monde extérieur ne compte plus pour lui. Un jour,..., mais je ne veux pas t'impressionner!

ANNA, *courageusement.*

Continue!

LE DOCTEUR

Un jour de la semaine dernière, j'étais ici. *(Il désigne le coin de la pièce où ils sont.)* Je lisais. Le soleil inondait la pièce, de sorte que rien ne pouvait rester dans l'ombre. J'ai entendu ton oncle descendre lentement l'escalier, s'avancer dans la pièce, sans un mot, d'un pas lent et régulier, du côté où je me trouvais. Il est venu jusqu'à la table, sans paraître remarquer ma présence. Moi, le voyant emporté par une sorte de rêve, je n'ai pas dit un mot, de peur de provoquer en lui un choc émotif.

Il a pris un livre sur la table, frôlant presque mon vêtement,
a jeté sur moi un regard aussi vague, aussi dénué d'expression
que s'il voyait le fauteuil vide, puis, tournant les talons, il est
remonté dans sa chambre, comme il était venu.

ANNA

Une autre fois, il faudrait essayer de le tirer de cette rêverie.
Est-ce tellement dangereux, si l'on s'y prend avec délicatesse?

LE DOCTEUR

Peut-être pas si c'est toi qui l'appelles, très, très doucement.
Une voix d'homme serait trop brutale.

*A ce moment, la porte du haut tourne sur ses gonds.
Robert apparaît au seuil de la galerie, la traverse et descend
lentement l'escalier. Parvenu en bas, il paraît hésiter une
seconde sur la direction à prendre, puis il pivote sur lui-
même, paraît ne pas voir Anna ni le docteur, qui semblent
d'ailleurs paralysés par l'angoisse ou par l'émotion et, tra-
versant obliquement la pièce, se dirige lentement vers la
porte vitrée du vestibule. Le docteur fait un signe à Anna.*

ANNA, s'adressant à Robert d'une voix chantante,
infiniment douce.

Robert!... Robert!...

ROBERT, sans interrompre sa marche
et croyant répondre
à une voix qui l'aurait appelé du dehors.

Oui, Jacqueline... je viens... attends-moi!

*Anna et le docteur se regardent, bouleversés. Robert
ouvre la porte du vestibule, puis celle de l'entrée et sort dans
la cour sans refermer. Un long silence, puis on entend
la clochette de la porte extérieure de la cour, donnant sur
la route.*

LE DOCTEUR, à voix basse.

Le voilà sur la route!

ANNA

Je suis sûre qu'il se dirige vers le cimetière... *(Se levant brusquement.)* Tu vois comme il est guéri!... En vérité, plus malade que jamais! Il n'a aucune raison d'aller aujourd'hui sur la tombe des siens..., surtout par un froid pareil! Je cours le chercher. *(Elle court dans le vestibule, prend la pèlerine et la toque du docteur et s'élance au-dehors sans refermer la porte. Bruit de la clochette extérieure. Le docteur, interdit, reste debout devant la porte; puis il se remet à marcher de long en large dans la pièce. Soudain, il avise la pendule. Il monte sur l'escabeau, referme la vitre du cadran, redescend, plie l'escabeau et l'emporte dans la pièce voisine, en passant par la petite porte du premier plan à droite. La pièce reste vide un moment. La nuit commence à tomber. Au bout de quelques instants, on voit revenir Anna, tenant précautionneusement son oncle par le bras. Lorsqu'ils sont dans le vestibule elle le débarrasse de la pèlerine et de la toque du docteur, aide son oncle à entrer dans le hall et à s'asseoir dans le fauteuil du « coin de la fenêtre ».)* Il fait un froid très vif malgré le beau temps. Vous risquiez d'attraper du mal, en sortant ainsi sans manteau. *(Robert ne répond pas. Il regarde devant lui fixement. Anna continuant.)* Je vais vous faire chauffer un grog. Il faut boire bouillant... Attendez-moi ici!

Robert ne bouge pas. Elle sort par la porte de droite. Quelques secondes après, par la même porte, le docteur entre et se dirige vers Robert.

LE DOCTEUR, *d'une voix qu'il s'efforce de rendre gaie et naturelle.*

Anna vient de me dire que vous étiez sorti. Et moi qui vous cherchais partout dans la maison!

ROBERT, *sans bouger la tête.*

Tu avais donc quelque chose de si important à me dire? *(A ce moment, la pendule, mal remontée par Anna, se déclenche et sonne douze coups interminables. Presque durement.)* Qui est-ce qui a touché à la pendule?... Je croyais que nous devions tous vivre hors du temps, ici!

LE DOCTEUR, embarrassé.

Mais personne n'y a touché, Robert. Je le crois du moins. Elle s'est déclenchée toute seule.

ROBERT, goguenard.

C'était une souris, peut-être!... Elle a dû en mourir, ne penses-tu pas? Voilà à quoi devraient servir les horloges dans cette maison : des pièges à rats! *(Il rit d'une manière un peu forcée, désagréable. Un silence.)* D'ailleurs, était-ce minuit, ou midi? Dans ma jeunesse, lorsqu'on veillait un mort et que sonnait minuit, on se signait..., mais à midi on se mariait. *(Un silence. Insistant, mais avec un ton soudain affectueux.)* J'ai dit « on se mariait »! As-tu entendu, Jacques?

> *A ce moment, Anna entre dans la pièce, portant un petit plateau avec un verre d'où s'échappe une vapeur chaude.*

ANNA

Voici votre grog; buvez vite, cela coupera tout début de refroidissement. *(Elle pose le plateau sur la table et tend à son oncle le verre, sur une soucoupe. Robert prend le verre et boit à petites gorgées en regardant alternativement Anna et le docteur. Anna, pour rompre le silence avec un air faussement enjoué.)* D'ailleurs, c'est le docteur qui l'a prescrit, ce grog!

ROBERT

Bien muet, ton docteur. Oui, tout à fait muet. *(Il boit, puis sans transition, comme distraitement.)* Qui a touché à la pendule?

> *Anna jette un regard au docteur, puis :*

ANNA

C'est moi, là, c'est moi qui ai voulu la remonter!

ROBERT, goguenard.

Et savais-tu ce qu'elle dirait en se remettant à parler?

ANNA, *étonnée.*

Non!

ROBERT

Elle a dit : Midi! Midi en toutes lettres, en douze coups!...
Et savais-tu ce qu'elle signifiait parfois, dans ma jeunesse,
cette heure de midi?

ANNA, *vaguement inquiète.*

Non!

ROBERT, *après avoir bu une gorgée.*

Elle disait l'heure des mariages. De nos amis, de nos voisins,
de nous-mêmes. En hiver sur la neige bleue et rose, en été
sur les cailloux secs de la route, on accourait de toutes les
bourgades, de toutes les fermes isolées; les hommes en veste
noire, une fleur à la boutonnière; les femmes avec leurs cha-
peaux de fête, comiques et touchants, où il y avait des oiseaux
comme on n'en voyait pas dans nos champs!... La cloche son-
nait à toute volée; les enfants criaient et se bousculaient.
On s'engouffrait dans la petite église, où régnaient l'ombre et
la fraîcheur et où l'harmonium jouait faux... Après la céré-
monie, on demandait aux mariés de rester un moment immo-
biles sous le porche et tandis qu'ils avaient l'air empaillés et
comme prêts à être mis sous globe dans quelque musée du
costume, frères et amis les photographiaient...; puis on leur
faisait un signe et ils se mettaient à bouger et à revivre — et
la noce les entraînait au banquet...

*La nuit est presque venue. Anna s'est assise auprès de
la table et pleure doucement.*

LE DOCTEUR, *avec beaucoup de précautions.*

Cher Robert... *(Il lui prend la main.)* Que vous vous obsti-
niez à vous torturer vous-même..., à vivre ainsi « au passé »,
voilà qui « était » votre droit... Mais elle, elle qui n'a voulu
que votre bien, pourquoi la faire souffrir en même temps,
si... subtilement, puisque vous avez vous-même accepté l'idée
de notre union...

ROBERT, *presque durement.*

Eh bien, qu'ai-je donc fait de si mal?

LE DOCTEUR, *lâchant sa main.*

Vous le savez très bien : vous semblez vous complaire à replonger dans le passé toutes ces coutumes, auxquelles nous allons bientôt nous plier, Anna et moi. Si vous les évoquez, je voudrais que ce soit joyeusement. *(Insistant « médicalement ».)* ... Au *futur!*

ROBERT, *secouant la tête, doucement implacable.*

Votre mariage a *déjà* eu lieu pour moi... il y a longtemps... Comme toutes choses, d'ailleurs, qu'elles appartiennent, comme vous dites, vous autres, au « présent » ou à « l'avenir »... *(Il repose la soucoupe et le verre sur la table et se lève. Anna et le docteur se taisent, accablés.)* Quant à moi, je vous ai dit adieu, il y a longtemps déjà. Il y a déjà longtemps que je vous ai dit « soyez heureux » comme si pareille formule pouvait changer quoi que ce soit à ce qui a *déjà* eu lieu!... Il y a longtemps, moi, que j'ai rejoint ceux qui m'attendaient...

Il se met lentement en marche vers la droite, monte l'escalier, parcourt la galerie et referme derrière lui la porte d'accès à son appartement.
Il fait maintenant presque nuit.

ANNA, *après un silence.*

Nous ne sortirons pas de ce cauchemar! *(Elle se lève, va vers la droite et semble écouter avec inquiétude.)* Que va-t-il faire? Si j'allais voir?

LE DOCTEUR, *avec une résignation désespérée,*
presque méprisante.

Non! rien à craindre. Il est dans son refuge, il s'y trouve bien. Il s'enivre de mélancolie. *(Faisant quelques pas rapides dans la pièce et gesticulant comme pour rompre un envoûtement.)* Ah! vivre! courir! marcher! briser ce sortilège pernicieux!

Vrai, tout médecin que je suis, je me sens presque gagné par
ce vertige.

ANNA

Tu l'as voulu, Jacques! Ne t'es-tu pas habitué à ce jeu
douloureux?

LE DOCTEUR

Je voulais le sauver.

ANNA, *avec une ironie douloureuse.*

Mais vois : tu parles toi-même au passé!...

*Anna allume la lampe du coin de la fenêtre. Tout le
reste de la pièce demeure plongé dans l'obscurité, sauf
la porte vitrée du corridor à gauche.*

LE DOCTEUR

Je commence à me demander si le présent existe. Horrible
vision : ce malheureux, lui dont on dit qu'il est fou...

ANNA

Parle plus bas, parle plus bas!

LE DOCTEUR, *continuant sur un ton plus bas.*

... C'est peut-être lui qui a raison : l'homme ne vit qu'au
passé; tout ce qu'il est, tout ce qu'il possède n'est que du passé :
Histoire, prestige, gloire, faits d'armes des héros, chefs-d'œuvre
des artistes, tout ce qui compte le plus pour nous, ici-bas,
est *passé.*

*Il appuie, d'une voix déchirante, sur ces derniers mots
en se prenant la tête à deux mains.*

ANNA, *en se rapprochant de lui.*

A mon tour de te dire : réveille-toi de cette obsession! je
suis là, bien vivante, pour toi je *suis,* pour toi je *serai...* (Dans
un grand élan.) Emporte-moi dans tes bras!

Il la serre tendrement dans ses bras. Un silence. Puis ils se séparent, souriants, presque apaisés. Le docteur va vers la fenêtre et regarde au-dehors.

LE DOCTEUR

Comprends-moi, Anna! Je me suis souvent demandé : ce que je vois, est-ce bien moi qui le regarde? Est-ce que ça existe, *maintenant?* Est-ce qu'il n'y a pas un décalage — énorme ou imperceptible ou les deux à la fois — entre ma conscience et ce qu'elle considère? N'ai-je pas *déjà* vécu ce que je vis en ce moment? Je sens que je marche, que je m'avance dans ma vie, et cependant il me semble que je connais *déjà* ce chemin, dans ses moindres détails. Le passé, l'avenir, tout cela n'a plus aucun sens. C'est comme si je piétinais dans le temps, comme si je tournais en rond. Et tantôt je *découvre* un passé qui est mien, mais que je ne connaissais pas; tantôt je *retrouve* un avenir que je connais déjà d'avance... N'est-ce pas une impression bizarre, encore inexpliquée, que nous avons tous connue? Est-elle le fait d'une simple défaillance de notre esprit? Ou bien est-elle le signe de quelque chose d'immense, que nous ne pouvons comprendre et qui se rit de notre faible intelligence?

ANNA

Tais-toi, Jacques! Tu vas te faire du mal, il faut vivre, tout simplement!

LE DOCTEUR, *continuant.*

... Oui, c'est peut-être là, dans cet hiatus, dans cet incompréhensible défaut de la réalité, c'est peut-être là que notre malade retourne lentement, sûrement, comme quelqu'un qui sait, qui a découvert le secret, qui est « de l'autre côté »!

ANNA

Je t'en supplie, Jacques!

LE DOCTEUR, *continuant.*

D'ailleurs peut-être cela vaudrait-il mieux pour lui! *(Un*

*emps. Anna court vers lui, lui prend la main, avec inquiétude,
e regardant sans un mot.)* ... Je me suis demandé quelquefois
si l'on pouvait disparaître sans mourir.

ANNA

Réveille-toi, Jacques! tu rêves tout éveillé! Que veux-tu dire?

LE DOCTEUR, avec un sourire mystérieux,
comme en proie à une vision.

Non, Anna, je ne rêve pas. S'il est des temps et des espaces
qui se côtoient sans se pénétrer, suspendus comme des astres,
dans un lieu sans limites... S'il est des mondes de pensées, de
douleur, d'amour et de désespoir qui se rencontrent dans l'éther
et ne peuvent que s'adresser, dans le même instant, un éternel
bonjour et un éternel adieu...

ANNA, à voix basse, secouant sa main
comme pour le réveiller d'un songe.

Eh bien?

*Le docteur ne continue pas. A ce moment, la porte du
haut s'ouvre lentement. On entend les pas lents de Robert
qui passent sur la galerie, puis descendent l'escalier, qui
s'avancent vers le milieu de la pièce, mais on ne voit per-
sonne, puisque, comme je l'ai dit, toute cette partie droite
de la scène est plongée dans l'obscurité totale.
Anna et le docteur, la main dans la main, ont fait face
à l'apparition. Leur regard a fouillé l'ombre où l'on entendait
des pas, leurs yeux, visiblement, ont suivi ce qu'ils pensent
être Robert descendant l'escalier. Au moment où l'apparition
est censée quitter la partie obscure de la pièce et s'avancer
vers la gauche, les regards d'Anna et du docteur indiquent
clairement qu'ils voient passer l'apparition dans la partie
éclairée du hall, alors que le spectateur ne voit rien. Ils
suivent ainsi l'apparition vers la porte vitrée du vestibule.*

LA VOIX DE JACQUELINE monte, lointaine, légère,
chantante, venant du dehors.

Robert!... Robert!...

VOIX DE ROBERT, *c'est bien sa voix*
qui semble partir de l'endroit où évolue son apparition.

Oui, Jacqueline... j'arrive!

Cinq heures sonnent au clocher du village. A ce moment, la porte vitrée du couloir s'ouvre comme si une main l'avait tirée, puis la porte de l'entrée s'ouvre de la même façon. On entend des pas sur le gravier de la cour, puis la clochette de la porte extérieure retentit, puis c'est le silence.

LE DOCTEUR, *qui semble à peine réveillé de sa rêverie.*

Il est parti les rejoindre... Il vivait avec eux..., il faisait semblant d'être auprès de nous, mais il vivait dans un autre temps que le nôtre...

ANNA, *comme encore envoûtée elle-même.*

As-tu remarqué, Jacques? Cinq heures sonnaient!

Tout à coup, leurs mains se séparent. Ils se regardent, se remettent à bouger, en proie à une soudaine surexcitation.

LE DOCTEUR, *comme secouant un envoûtement.*

Mais!... mais!... Anna! que faisions-nous? Rêvions-nous?... Que s'est-il passé?

ANNA, *se tordant les mains.*

Je ne sais pas, Jacques!... je ne sais pas, mais...

LE DOCTEUR, *allant vers elle,*
avec toute sa puissance d'action retrouvée.

Anna! c'est moi, sans doute, qui t'ai communiqué ma rêverie... Pardonne-moi! On ne peut pas vivre impunément ici, dans l'ombre d'un malade, sans...

ANNA, *brusquement réalisant son effroi.*

Oh! Jacques; si c'était vrai quand même, ce qui vient de se passer!... (*Dans un cri, elle montre les portes ouvertes.*) Là, là! les portes! elles sont bien ouvertes, pourtant.

LE DOCTEUR, *sans conviction.*

Peut-être est-ce le vent qui les a ouvertes?

ANNA, *de plus en plus épouvantée.*

Mais que faisons-nous ici? Qu'attendons-nous? Il faut savoir tout de suite!... *(Comme ayant honte de sa propre peur.)* Jacques, donne-moi du courage, je vais monter voir... là-haut... *(Elle n'a pas achevé qu'elle s'est élancée dans l'escalier. Elle parcourt rapidement la galerie, pendant que le docteur la suit des yeux, interdit. Elle entre dans les chambres. Un temps. Puis on l'entend crier, au comble de la terreur. Avant de reparaître.)* Il n'y est pas!... *(Elle apparaît en courant et répète en redescendant rapidement.)* Il n'y est pas!... Il n'est pas dans sa chambre!...*

Comme folle, toujours courant, sans prendre garde au docteur, elle s'apprête à traverser en biais le hall, mais le docteur l'arrête en la prenant doucement, mais fermement, par les épaules.

LE DOCTEUR

Que fais-tu, Anna? A mon tour de te dire : sors de ton rêve!

ANNA, *se dégageant et s'enfuyant par les portes restées ouvertes.*

Puisque je te dis qu'il n'est plus dans sa chambre!... *(Avant que le docteur ait pu faire un geste, elle a disparu dans la cour. On entend la clochette de la porte extérieure. Le docteur, en quelques pas, a rejoint le vestibule. Il reste un instant perplexe, puis prenant sa cape et un autre manteau (celui d'Anna), il s'élance à sa suite dans la nuit. On entend la clochette sonner une deuxième fois. La scène reste un moment vide. Puis, la clochette de la porte extérieure sonne une troisième fois. On entend des pas sur le gravier et on voit reparaître le docteur, de dos, comme portant un objet très lourd. Il franchit à reculons le seuil, puis le vestibule. En face de lui apparaît Anna, suivant ses mouvements; ils rapportent à eux deux le corps inanimé de Robert, recouvert de la cape du docteur. Ils le déposent avec précaution dans le fauteuil de gauche.)*

Mais le corps ne garde pas l'équilibre et glisse. Enfin, ils l'assujet-
tissent tant bien que mal avec des coussins. Anna s'affaire, tapant
dans les mains de Robert.) Mon Dieu! mon Dieu! ses mains
sont glacées! Quelle folie! Par ce temps... pourvu que... mon
Dieu, pourvu...

LE DOCTEUR, *retrouvant sa décision de praticien.*

Défais-lui son col!... Bien... va chercher quelque chose de
chaud, une compresse, n'importe quoi!... et des couvertures!...

ANNA, *restant comme hébétée.*

Mais...

LE DOCTEUR, *avec fermeté.*

Va... allons, va, mon petit!... *(Anna disparaît à regret. Le*
docteur déboutonne la veste et le gilet de Robert, écarte sa chemise
et colle son oreille sur sa poitrine à l'endroit du cœur. Il écoute
un moment, puis se relève et croise les bras pendants de Robert
sur ses genoux : Robert est mort. A ce moment, Anna revient, les
bras chargés de couvertures, tenant une compresse. Elle et Jacques
échangent un long regard, sans un mot. Elle a compris. Elle pose
alors sur un siège tout ce qu'elle tenait, arrive vers le docteur et
se met à sangloter doucement sur son épaule. Le docteur, qui est
alors de face et qui a entouré de son bras gauche les épaules d'Anna
dans un geste protecteur, semble de nouveau perdu dans un rêve,
comme se parlant à lui-même.) Ce corps était celui d'un homme
mort depuis longtemps, très longtemps!... Est-ce lui que nous
avons cru voir passer tout à l'heure? Oui, c'était bien lui, sans
doute, ou son ombre... Il passait, dans le temps qui était le
sien, dans cet autre monde lointain et révolu... et son ombre
pâle, transparente, le suivait dans notre temps à nous...

ANNA, *relevant la tête, s'essuyant les yeux*
et se séparant du docteur.

Oh! Jacques... je t'en prie, ne parlons plus au passé, mainte-
nant... Nous sommes seuls, dans ce triste présent, mais nous
y sommes et ce corps inanimé, hélas! est bien réel!

LE DOCTEUR

Rien n'est réel, que ce qui a conscience de l'être... Ce corps, si lourd soit-il à nos bras et à notre cœur, n'existe pas plus que l'ombre de tout à l'heure... Ce qui est vrai, ce qui existe, c'est l'image de cet homme dans notre mémoire.

ANNA, *se précipitant aux genoux de son oncle et lui embrassant les mains.*

C'est une image qui ne pourra pas quitter mon esprit, pas plus que la vision de ses morts ne quittait sa propre pensée! D'image en image, d'esprit en esprit, nous passons comme des ombres.

LE DOCTEUR

Tout est *présent* pour ceux qui vivent. Notre esprit contient tout. En dehors de ce moment que nous vivons, rien n'existe!

ANNA, *avec mélancolie.*

Un jour pourtant, nous disparaîtrons, comme lui, tout à l'heure, par cette porte...

LE DOCTEUR, *d'une voix pleine de décision et de santé.*

Qui sait où ce sera? Mais sûrement pas ici. Nous partirons, nous laisserons cette maison, comme un bateau qui s'éloigne, glisser lentement à l'horizon et gagner le passé, qui est sa vraie patrie.

ANNA

J'ai connu ici mes années les plus douloureuses, mais peut-être les plus belles... : l'enfant, la jeune fille, la jeune femme que je fus resteront ici pour toujours. Peut-être sont-elles parties de moi... avec lui... *(Souriant à Jacques tristement.)* Comme il est douloureux, mon pauvre Jacques, l'effort qu'il faut faire pour gagner la rive du présent!

LE DOCTEUR, *lui prenant la main, et la forçant à se relever.*

Cramponne-toi à mon bras, je te tiens, je te tiens, je te hisse!

Il faut, pour vivre, un effort... de tous les instants... *(Très sim-plement.)* Viens maintenant, il faut aller chercher les voisins, prévenir le village... Viens...

> *Il entoure Anna de son bras gauche et l'entraîne doucement vers la porte. Anna s'en va comme à regret, jetant de temps en temps un regard vers l'endroit où se trouve Robert. A peine ont-ils disparu que la lumière s'éteint brusquement. Dans l'obscurité, des pas et des voix joyeuses se font entendre en haut, comme au premier acte.*

VOIX D'ANNA *jeune, appelant.*

Jacqueline! Jacqueline! dépêchons-nous, nous allons être en retard!

VOIX DE JACQUELINE

Oui, j'arrive!... mais où as-tu mis mes gants?

VOIX D'ANNA

Dans le tiroir de la commode! Dépêche-toi!

VOIX DE JACQUELINE, *riant.*

Je vais comme le vent!

> *Pendant ce temps, le grand jour venant de la fenêtre de gauche et de la porte vitrée a envahi rapidement toute la pièce. On voit Robert se relever dispos, presque gai.*

ROBERT, *parlant à Jacqueline et à Anna qui sont censées être à l'étage au-dessus.*

Jacqueline! Anna! je vous entends! je vous entends bien maintenant! Mais où êtes-vous donc? Je ne vous vois pas.

VOIX DE JACQUELINE, *tendre.*

Moi non plus, mon pauvre Robert, je ne te vois pas, mais je sais pourtant que tu es là.

ROBERT, *marchant çà et là,*
comme s'il cherchait dans la nuit.

Je vous ai tant cherchées!... Où êtes-vous?

VOIX D'ANNA, *joyeuse.*

Près de toi, toujours près de toi, Robert. Nous ne te quitterons pas!

ROBERT

Tiens! vous parlez au futur, maintenant! Il y a donc... un avenir pour nous aussi? *(Marchant sur le devant de la scène comme un somnambule, avec une sorte de ravissement.)* Passé, présent, futur, qui est vrai? Tout est à la fois l'un et l'autre! Tout s'enfuit, mais tout demeure — et tout reste inachevé!

Rideau.

Tonnerre sans orage

OU

LES DIEUX INUTILES

POÈME A JOUER

(1944)

A JEAN LESCURE

TONNERRE SANS ORAGE

OU

LES DIEUX INUTILES

PERSONNAGES

ASIA, *mère de Prométhée.*
DEUCALION, *fils de Prométhée.*
PROMÉTHÉE.

L'action se passe dans les temps fabuleux de la Grèce, avant l'Histoire. La scène représente le sommet d'un promontoire au-dessus de la mer.

Chacun des trois personnages se détache sur un « décor personnel » qui le symbolise et se déplace avec lui : une lueur d'incendie pour Prométhée, la couleur de la mer pour Asia, une voile brune et le ciel bleu pour Deucalion.

Les personnages doivent parler toujours face au public; leur démarche et leurs gestes doivent être très lents et très étudiés, comme s'ils étaient cloués à leur décor. La diction doit être lente, psalmodiée d'une voix forte avec le minimum d'effets.

Quant aux roulements du tonnerre prométhéen — pour éviter toute représentation réaliste — ils devront être évoqués, musicalement et de la façon la plus discrète possible, par des instruments de percussion.

Au lever du rideau, Asia et Deucalion sont seuls en scène.

ASIA

Fille du roc et de la mer, moi la servante et la souveraine
des éléments, moi qui les ai forcés dans ma chair
à conclure alliance pour le temps d'une descendance éternelle,
servante et reine antérieure, ayant hors de la nuit de l'espace
  jailli

comme les Titans mes frères à l'orgueil indomptable
comme celui qui partagea ma couche d'algues, d'écume et de
    nuages
sans que les dieux nous aient conçus, sinon le ciel et la terre,
    sinon les flots, sinon le temps,
ancêtre d'une lignée turbulente et prodigieuse de héros,
mère de Prométhée, de celui qui bâtit et qui crée,
ayant vécu longtemps, idole que ses fils révèrent et qui se
    tait au sommet de la table,
je suis montée ce soir au-dessus du golfe toujours vert
jusqu'à ce promontoire où l'avenir et le passé se découvrent.
Quelque chose en effet me dit que mon heure est venue,
quelque ombre tremblante au fond du jour me dit
que l'heure pour moi est venue
de délier le lien de la gerbe que je fus,
de délivrer les éléments dont je suis composée
et sans cri, sans regret, sans vain espoir,
de rendre à l'air, à l'eau, à la terre et au feu éternels
la part de leur empire que j'ai si longtemps détenue.
Je suis venue pour témoigner sous ce ciel sans figure
    et sans nuage
pour rendre compte de ma route à l'abîme favorable
    et radieux,
pour rendre grâces au néant du bonheur de mes pas et de la
    liberté de mes actes.

Se tournant vers Deucalion.

Mais avant de mourir dans cette heure adorable de midi
ô toi, petit miroir du soleil, qui te déplies et te meus sur les
    sentiers
comme une voile heureuse par beau temps,
Deucalion, fils de mon fils, toi que voilà pareil aux créatures
    de ton père Prométhée,
impatient d'accomplir la loi de ton être
œil affamé de lumière, oreille assoiffée de rumeurs,
muscles avides, mâchoires de loup mais gosier sobre de paroles,
je te dirai ce que jamais je n'ai révélé à ton père ni à qui-
    conque.
Fils de mon fils, fils de Prométhée
écoute :

Quand j'entendis la force de ton père, le plus turbulent de
  mes fils
s'éveiller en grondant près de moi au sortir de l'enfance,
quand joueur et insouciant encore comme te voilà mais plus
    effrayant que la mer orageuse
je le vis affronter les flots et les récifs de mes ancêtres,
troubler les sources que j'aimais, faire trembler de sa voix
  les échos du calme promontoire
et menacer l'ordre éternel,
je conçus le projet insensé de semer la terreur dans son âme,
j'élevai dans son cœur des ténèbres qu'il ignorait,
je lui créai des sujets de crainte à son image,
je peuplai le ciel calme et pur
de fantômes redoutables aux invisibles mains brandissant la
    foudre et le tonnerre
pour le châtiment de l'orgueil, —
et ces spectres du jour qu'il fallait servir et révérer
je les nommai — les dieux.

Fils de mon fils, toi plus tendre qu'un jeune olivier,
toi dont le rêve quand tu te penches sur le rivage
ne sépare pas, ne ternit même pas le ciel et la mer enlacés,
fils de Prométhée, entends-moi,
je te dirai la vérité :
les dieux n'existent pas !

On entend au loin un léger roulement de tonnerre.

DEUCALION

Écoutez, mère, il me semble...
qu'un orage lointain...

ASIA

Enfant toujours craintif, non, c'est un chêne qu'on abat
hélas sur l'ordre de ton père et dont la mort retentit
à travers les défilés comme l'orage.

DEUCALION

Sans doute... Ce ne peut être que cela : le ciel est sans ombres...

ASIA

Enfant toujours craintif que te disais-je?

DEUCALION, *négligemment,*
n'ayant pas voulu comprendre.

Qu'il n'y a pas... de dieux...

ASIA

Est-ce là toute ta surprise? Sais-tu
quel est le sens de ces paroles? Comprends-tu
quelle fut l'énormité de ma feinte et quel secret je te confie
en te disant, à toi chétif, que j'ai menti?

DEUCALION

Vous n'avez pas menti, c'est impossible!
Mère, je les ai vus, les dieux!

ASIA, *avec une ironie attendrie.*

Décris-moi donc leur aspect!

DEUCALION, *avec fougue.*

Ils sont plus forts que mes paroles
Ils éblouissent mes regards
Ils éclatent dans ma pensée :
comment les décrirais-je?

ASIA

Tu vois bien
qu'ils ne sont que fumée! Tout ce qui vit porte un visage.

DEUCALION

Mère! Mère! Votre insistance sacrilège m'épouvante!
Si je n'ai pu les voir, tant leur éclat m'aveuglait,
du moins j'entendis souvent leur approche :
à l'aube quand leurs doigts de tisserands mêlent à mes derniers
    songes

les abeilles du jour,
à midi quand leurs bras pleins d'ardeur
encerclent les montagnes chaudes, et font craquer les pins
     et les rochers,
le soir quand leurs lèvres bourdonnent de vent et de vagues
     sur les falaises...

Un silence.

Vous ne dites plus rien... Il semble
que des songes épais vous étouffent...

Un silence encore, puis un coup de tonnerre plus proche.

Écoutez! Voici la foudre que brandit le plus puissant des
     dieux
pour couvrir votre voix
où naissait un blasphème effrayant...

Un silence.

ASIA, après une longue réflexion,
avec une grande douceur.

Tu as raison, enfant, je blasphémais sans doute
et je n'ai pas menti. Non, certes je ne mentais pas
quand je nommais du nom de personnes invisibles et augustes
les grands moments du jour et de la nuit du monde,
les éléments qui m'ont vu naître et les saisons qui m'ont
     consolée
et les astres qui ont guidé mes pas de jeune fille puis de femme
     puis d'ancêtre.
Tout ce qui est ici-bas et là-haut dans le ciel qui tourne sur
     son aile
comment l'aurais-je aimé sans le nommer
et comment le nommer sans lui prêter mon image?
Tu as raison, enfant, quand la lumière du matin
s'avançait rapide et légère sur les vagues...

DEUCALION, bas et religieusement
comme s'il récitait une litanie.

... C'était la mère de l'amour
qui renaissait à chaque aurore.

ASIA

J'ai dormi sur la mousse épaisse des forêts...

DEUCALION, *même ton.*

... C'était la terre, qui est femme et qui est mère.

ASIA

J'ai vu sur les rochers abrupts
tomber la chevelure des torrents...

DEUCALION

... Les déesses qui les habitent
gémissent de mourir et se plaignent à nous.

ASIA

Tout avait une voix, un visage, une parole,
un geste pour indiquer, un cri pour interdire,
j'ai nommé chaque voix, chaque geste, chaque cri,
c'était bien.

DEUCALION

C'était vrai.

ASIA

Fils de mon fils, fils de Prométhée,
à l'un puis à l'autre
quand vous étiez enfants
j'ai dit les amours de nos dieux :
leur seul travail, leur unique loisir
leur seul secret était l'amour
parce que j'étais moi-même
l'éclair d'amour des éléments
parce que je suis née, enfant, de la réconciliation de toutes
    les choses
parce que je suis la rencontre du ciel et de la terre
parce que j'ai les longs couteaux des astres dans mon sang,
que les pierres souterraines et le feu des profondeurs

et l'eau bouillonnante de l'océan
sont montés dans mes veines
parce que mes regards comme la surface de la mer
sont la rencontre de deux mondes,
parce que toute la vie est entrée en moi triomphale
comme le fleuve dans son lit.

DEUCALION

Et pourtant Prométhée, mon père et votre fils,
dont l'humeur sombre et le front volontaire
semblent toujours couver les ardeurs de la vengeance,
Prométhée, lui, n'aura connu des dieux
que leur colère?

ASIA

Oui, c'est bien là mon remords, enfant;
en lui disant les amours de nos dieux
je lui contai aussi leurs fureurs jalouses
et les crimes affreux qu'engendre la passion dans un cœur
    immortel.
Les yeux profonds de l'enfant Prométhée
brillaient de haine et de courroux lorsque la tête sur mes
    genoux il écoutait mes récits.
Mes fables de nourrice enseignaient avec art. — du moins
    je le croyais —
la punition des méchants, les tortures de la perfidie
et le feu infernal qui s'attache aux pas du criminel.
Mais Prométhée n'écoutait que la fable et non la leçon.
O malheureux enseignement! O précautions funestes et aveugles
    des mères
que l'avenir de leur enfant inquiète sans raison!
Voulant le bien, j'ai fait le mal et j'attisai dans le cœur de
    ton père
une haine inexpiable, une révolte sans limite.
O malheureuse mère, ô maladroite que je fus!

Un silence.

DEUCALION

Mère, ne vous exaltez pas ainsi. Votre grand âge

craint l'excès de ferveur. Et puis il vous faut aller
calmer les dieux : ils sont sûrement mécontents
de vos paroles sacrilèges.

ASIA

Enfant! Ta voix d'enfant me rend à l'enfance du monde...
Je redescends dans nos plaines fertiles.
Pour toi, pour les dieux que tu révères,
je brûlerai quelques herbes sur l'autel du foyer.
La fumée montera droite dans le ciel.

Comme à elle-même et avec une nuance d'ironie.

C'est ainsi tout au moins qu'une maison signale à l'horizon
  sa vie...

Elle redescend lentement la colline.

DEUCALION, *resté seul, se tait un moment*
puis avec accablement.

Il n'y a pas de dieux!

Il fond en larmes, la tête dans ses mains.

O misérable! Il me faudra donc maintenant,
comme un pêcheur qui détruit le filet commencé où un défaut
  est apparu,
défaire une à une les figures surhumaines
ourdies dans les profondeurs du ciel par mes songes d'enfant!
Elles ne répondront plus les voix harmonieuses
que mon chant de berger appelait chaque soir,
et les feuilles des chênes animées par le vent garderont pour
  eux seuls leur langage secret
et les vagues du rivage mourront à mes pieds sans me confier
  un seul mot.
Il me faudra chercher la parole en moi seul
et l'azur qui était pour moi la vie
ne sera plus qu'une mort indifférente et vaine.
Ah! certes je saurai bien vous aimer, néant pur et serein,
quand ma barque flottera entre l'eau bleue et le ciel bleu,
car j'étais fait pour vous entendre et pour me dissoudre avec
  délices dans vos profondeurs lumineuses.

Mais je ne saurai plus vous nommer
et je serai muet dans un monde
qui semble parler tout le temps et ne répond à personne.

> *Un silence. Puis une lueur d'un rouge intense apparaît
> brusquement à l'ouest comme un éclair et disparaît.*
> *Aussitôt après retentit un roulement de tonnerre très
> proche. Deucalion, relevant la tête, effrayé, regarde à l'ho-
> rizon et se dresse d'un bond : le ciel à ce moment est rede-
> venu bleu.*

DEUCALION, *avec angoisse.*

Un orage dans un ciel aussi pur?
Pas un nuage, pas un souffle de vent,
pas une ride sur la mer,
l'oiseau chante haut dans le ciel,
et pourtant le tonnerre retentit proche et terrible
comme si la tempête grondait sur la vallée?
La colère des dieux?...

> *Se reprenant et haussant les épaules :*

Mais non, puisque
il n'y a pas de dieux!... Malheureux! Tu viens de l'apprendre!

> *Un nouvel éclair apparaît à l'horizon. Le tonnerre encore
> plus proche. Soudain apparaît, se détachant sur une lueur
> d'incendie, Prométhée.*

DEUCALION, *courant au-devant de lui, avec effroi.*

Père, père, ...ce ciel bleu ...ce tonnerre,
ce feu si rouge... le sol qui tremble!
Vous qui savez tous les secrets de la terre et du ciel, dites-moi...

PROMÉTHÉE, *avec un calme majestueux et triomphant.*

Ce feu, dis-tu?
Ce tonnerre?
L'orage, dis-tu? L'orage au fond d'un ciel pur?
La nuit en plein midi?
L'éclair, le tonnerre, la foudre,
l'incendie, le sol qui tremble?

C'est moi, Prométhée!
Mes ennemis ne sont plus maîtres de la terre.
Jadis eux seuls, les dieux inutiles et fous
régnaient, semant sans but et sans raison
la joie ou la douleur, la pluie ou le feu, la vie ou la mort
sur les campagnes sans défense et sur les villes misérables.
O dieux affreux, rusés, sournois, méprisables et cruels
cachés dans vos métamorphoses,
je vous ai vus cent fois sur le point d'apparaître,
j'étais moi-même à l'affût, chasseur de dieux tapi dans les
    savanes sèches,
plongé dans l'eau du fleuve, foulant les cendres des volcans
    endormis
ou m'éveillant plus tôt que l'étoile du matin quand la vapeur
    des vallées engloutit les arbres,
quand l'herbe vierge appelle et redoute le jour,
mais jamais je n'ai surpris vos grandes figures
que la renommée peint de couleurs bariolées et hilares comme
    des masques!
Le vent de votre passage ailé, de vos gestes géants me frôlait
mais l'homme à la conscience droite et rigoureuse
l'homme naïf et fier que j'étais
ne fut jamais admis à vous voir face à face.

O dieux, ô puissances inconnues et malfaisantes,
reconnaissables seulement par vos effets, par l'écho de votre
    voix, par le reflet de vos regards embrasés,
comme je vous aurais aimés si vous aviez daigné m'appa-
    raître!
Je me nommais encore votre fils,
votre prêtre tremblant, votre adorateur,
l'interprète de vos pensées! Fou que j'étais!
Nul ne saurait aimer ce qu'il n'a jamais vu.
Ce qui se dérobe aux embrassements,
ce qui fuit devant le désir, ce qui déçoit l'espérance,
ce qui se cache et se tait
bientôt se change en objet de haine.
Et c'est ainsi que vous êtes devenus mes ennemis.

Oui, moi, Prométhée, c'est ainsi qu'après avoir si longtemps
    espéré vos conseils paternels

je n'ai plus cherché qu'à vous voler un à un vos secrets,
à vous arracher par force ou par ruse
ce que j'avais en vain attendu de votre amour.
Pendant vingt ans, vingt longues années de patience et de
     haine,
sans vivre, sans dormir, épiant les mariages et les guerres
des éléments entre eux, remontant, d'un effort solitaire et
     autonome
jusqu'à la source de toutes choses à travers mille dangers,
écartant tous les obstacles que vous entassiez sur ma route,
j'ai recomposé le monde dans mon esprit,
pour me mesurer avec vous, pour vous rencontrer dans vos
     œuvres
et saisir sur le fait, comme on prend la main du voleur dans
     le sac,
la trace fraîche encore de vos crimes sans nombre.

Oui, le ciel m'est témoin que jusqu'à ce jour
une seule pensée m'habita, furieuse, lancinante comme la
     vengeance :
lutter contre vous, dieux funestes,
prendre la nature entière dans mes mains puissantes
pour la lancer enfin à l'assaut de vos séjours rayonnants,
moi l'ouvrier des usines obscures,
moi l'esclave, moi le méprisé,
pour renverser votre trône superbe et vain!
Maintenant l'heure est venue
l'heure est venue pour moi de vous déclarer la guerre
la guerre sainte de la révolte et de l'orgueil.
Le feu que je vous ai volé, dieux trop sûrs de vous-mêmes,
     seigneurs opulents et gras,
le feu que mes coursiers ont arraché à vos soleils dociles
n'est pas la flamme tremblante et agenouillée
que le prêtre allume sur l'autel pour réjouir vos narines sacrées
     d'un grésillement d'herbes odorantes,
mon feu n'est pas l'humble brasier que le berger attise de son
     souffle pour réchauffer ses membres glacés par la nuit,
le feu que j'ai conçu à l'image de la lave incandescente des
     volcans

menace votre règne entier, toute l'œuvre de vos mains, la
terre, l'air, l'eau, les rochers,
les étoiles et le ciel lui-même, votre ciel jusqu'à présent
immuable et serein!

Quand je lancerai le feu de mes forges à la conquête de
l'empyrée,
vous tremblerez enfin, vous sortirez peut-être enfin de votre
silence et de votre secret,
peut-être, dans le monde en fusion, verrai-je enfin paraître
vos faces convulsées par l'épouvante et le remords
et peut-être en mourant demanderez-vous pardon à vos créa-
tures!
Car vous mourrez
et c'est ma propre main
qui lancera la mort
comme un million de flèches
sur vos corps horribles!
Je le dis parce que je le sais.
Mes calculs sont exacts,
mes armes sûres,
ma vengeance prête.
Déjà je fais la nuit en plein jour
je fais l'orage par un ciel serein
mes forges ne halètent plus que du souffle du triomphe
l'heure vient, l'heure est venue
le tonnerre que vous entendez aboyer
est un des chiens de ma meute,
la chasse est commencée,
ô dieux, votre mort est proche!

DEUCALION, *dans un sanglot.*

Père, père, pourquoi tant de haine
et tant d'orgueil et tant de labeur inutile :
les dieux sont déjà morts!

PROMÉTHÉE

Que dis-tu?

DEUCALION

Que les dieux ne sont plus,
que les dieux ne sont pas et n'ont jamais été.

PROMÉTHÉE

Qui t'a permis cette imposture sacrilège
— sacrilège non certes envers les dieux
mais envers moi, ton père?
Ma colère saura châtier ton insolence!

DEUCALION

Je redoute la colère de Prométhée
et je n'ai pas voulu vous faire injure.
J'ai dit ce que je sais :
les dieux n'ont jamais existé.

PROMÉTHÉE

Cesse de me courroucer! Nier les dieux mes ennemis
c'est nier l'œuvre de ma vie,
puisque je n'ai rien conçu, rien entrepris
qui ne fût dirigé contre eux!
Si les dieux n'étaient pas, que serais-je?
Qui t'a soufflé ce songe ridicule et monstrueux?

DEUCALION

Je n'ose vous le dire.

PROMÉTHÉE

Il faut pourtant que tu le dises
si tu ne veux pas que de mes mains
je t'abatte comme un jeune cheval indocile.

DEUCALION

Si je vous dis comment
ce terrible secret me fut révélé
— et ce n'est pas plus tard que tout à l'heure —

votre colère se détournera de moi sans doute
mais pour bondir sur un être qui vous est cher,
aussi cher qu'à moi-même.

PROMÉTHÉE

Cesse de parler par énigmes. Explique-toi!

DEUCALION

Votre mère, ô Prométhée,
celle qui est la source d'où votre vie
comme un puissant fleuve descend,
votre mère qui m'éleva après vous-même...

PROMÉTHÉE

Eh bien, ma mère, soit, qu'y a-t-il de commun
entre elle et les mensonges d'un enfant?

DEUCALION

Mensonge! O que ce mot hélas vient à propos!

PROMÉTHÉE

Achèveras-tu, misérable?

DEUCALION

C'est votre mère, c'est bien elle
qui, tout à l'heure appelée en ce lieu
par le pressentiment de sa mort,
me confia le lourd secret
du mensonge dont elle a bercé votre enfance.
Prométhée, me dit-elle, montra dès son jeune âge
une force d'esprit et de corps peu commune
et sa précoce turbulence
me sembla menacer l'ordre de l'univers.
C'est alors que pour mettre un frein à son audace
je conçus le projet de lui donner à craindre
des êtres surhumains que je nommai les dieux.

PROMÉTHÉE

Tu mens! C'est impossible!
Les dieux existent, puisque je suis!
Tu mens misérable imposteur
ma mère n'a rien pu te dire de semblable,
ce sont des fables nées de ton esprit mesquin et envieux!
Tu jalouses mon œuvre et tu veux l'abaisser.
Va-t'en! Va-t'en, si tu ne veux que je te lance dans l'abîme!
Va-t'en, fils indigne de moi.
Va, fuis! entends-tu! ta présence empoisonne ma vue.
Ta perfidie entrée dans mon âme comme une odeur infecte
menace de changer mon courage en fureur,
ma raison en démence, ma justice en crime.
Si tu prétends, vipère, que je n'ai plus d'ennemis dans le ciel,
j'en aurai un du moins sur la terre, et c'est toi!

DEUCALION

Ne me châtiez pas, mon père,
d'une faute dont je ne suis pas coupable!
Ne châtiez pas non plus votre mère bien-aimée!
Comme vous, j'ai refusé d'abord
de croire vrai l'aveu qu'elle venait de me faire.
Le monde en quelques mots pour moi avait changé de face
et je me sentais seul comme vous voici,
mais je ne pouvais que pleurer en moi-même,
tandis que vous, ô Prométhée, l'égal et le rival des puissances
    célestes,
vous tournez votre désespoir en colère.
Sans doute votre mère comprit-elle alors ma douleur muette
car elle feignit tout à coup de rétracter ce qu'elle venait de
    dire
et m'assura de nouveau que les dieux existaient.
Et moi, hésitant encore, ne sachant où était son mensonge
et trop heureux de prolonger encore les fables de mon enfance
je feignis moi-même de croire
que nous avions repris côte à côte le chemin de l'ancienne vérité
et que tout rentrait dans l'ordre éternel
votre mère et moi-même et les dieux...
Après quoi, elle est redescendue dans la plaine.

PROMÉTHÉE, *après un temps.*

Ton récit, mon pauvre enfant, m'apaise
et semble véridique.
Ainsi donc n'était-ce peut-être
qu'une ombre, un doute ouvert comme un gouffre soudain
sous les pas d'une femme vieille et lasse
qui sent tout le poids de sa vie
et ne sait plus discerner dans son esprit débile
sa propre vérité de son propre mensonge.
Je te pardonne tes propres doutes.
Moi-même, à dire vrai...

DEUCALION

Vous-même, père?...

PROMÉTHÉE, *haussant les épaules.*

Non rien! J'écarte comme un insecte importun
le doute qui bourdonne autour de ma tête...
Pour agir et créer, la certitude est nécessaire
et ce n'est pas au moment où je vais livrer la plus terrible
    bataille de ma vie
que je m'abandonnerai aux rêveries d'une vieille femme et d'un
    enfant.
Il suffit. Je retourne à mon œuvre.
Les forges dans les antres de la plaine,
par mille marteaux sonnant sur mille enclumes
se plaignent de ma trop longue absence.
Les hommes, nés de l'argile sous mes mains
s'affairent, tisonnant le feu que j'ai créé;
leurs clameurs saluent l'approche de mon triomphe
et la venue d'un nouveau règne sur la terre.
Quand nous aurons brisé nos chaînes et brûlé
le bois vermoulu des idoles,
quand les dieux tomberont en poussière à nos pieds,
peut-être alors pourrons-nous dire
qu'ils n'ont jamais été.

Un roulement de tonnerre. Une lueur d'incendie.

Écoute : la foudre que j'ai préparée
m'appelle comme une épouse impatiente.
Adieu.

> *Il fait quelques pas, puis se ravise.*

Si cependant, tu rencontres sur le rivage ma mère
dis-lui qu'avant ce soir je veux lui parler seul à seule.

> *Il fait de nouveau quelques pas, puis se ravise encore.*

Ou plutôt non. Tu me dis qu'elle semblait en proie
à quelque pressentiment. Qui sait quels espaces prophétiques
s'ouvrent à l'esprit d'un vieillard.
Je ne veux pas laisser ma mère vénérée
seule ainsi et sans secours devant l'angoisse de la mort.
Descends, va sans tarder, descends à sa recherche
et reviens avec elle auprès de moi.
Je vous attends en ce lieu élevé
où l'avenir et le passé lui sont apparus tout à l'heure
comme ce vaste horizon marin du haut du promontoire.
Va, va vite, je vous attends.

DEUCALION

Père, ce sera fait.
Nous reviendrons aussi vite que le permettent
les pas d'une femme vieille et alourdie par des secrets
redoutables.

> *Deucalion descend en courant. Un nouveau roulement de
> tonnerre, plus fort, retentit au loin.*

PROMÉTHÉE, *seul.*

Chiens de ma meute
attendez encore! Attendez!
Savez-vous bien quelle est votre proie?
O Prométhée, qui veux-tu vaincre?
Tes ennemis vivent-ils encore?
N'ont-ils pas disparu avant même de combattre?
Ne trouveras-tu dans l'Olympe conquis,
dans la cité des dieux, que ruines fumantes,
corps calcinés, vestiges très anciens

d'un empire à jamais écroulé?
S'ils n'ont jamais été, qu'es-tu donc toi-même?
Quoi? N'aurais-je entassé montagne sur montagne
violé le secret de la matière inerte
dissocié les éléments, ébranlé les colonnes transparentes
qui soutiennent les voûtes du firmament,
n'aurais-je condamné à mort des milliers de serviteurs,
usé au dur labeur des forges mille et mille forgerons
troublé les sources, épuisé les cratères des volcans
soulevé les tempêtes de la mer et déchaîné les orages du ciel
que pour lutter contre des fantômes plus légers et plus vains
que la fumée d'un feu de brindilles dans le soir?

O dérision! dérision! Prométhée, tu as été le jouet d'une fable!
Tu n'avais rien à voler dans la maison des dieux.
La maison était vide et les gardiens absents.
Tu as déployé d'immenses efforts
pour dérober ce que tu pouvais prendre sans fatigue.
Il n'y avait pas d'enceinte à franchir, pas de serrure à faire
    sauter.
Une sorte d'absence vague et épouvantable se rit de toi,
le désert te renvoie l'écho de ton travail, de tes plaintes, de tes
    cris.
Tout est possible, tout peut être si tu le veux.
Tout peut naître d'un geste de ta main, d'un songe de ton
    esprit...
Mais comme il est triste, ce monde sans ennemis à vaincre,
cette dispute illusoire où l'un des deux est seul à crier!
Aurais-tu tant souffert, tant gémi, tant lutté
si tu avais su que l'objet de ta haine n'existait pas,
que tu n'avais personne à venger puisqu'il n'y avait pas eu
    d'offense,
qu'il n'y avait pas de raison de se révolter puisqu'il n'y avait
    pas de maîtres injustes, ni d'oppresseurs à renverser?
Oh! comme il eût été plus doux et plus sage
de se laisser bercer par les flots de ce monde vide et sonore!

Un temps

Voici que ma force m'abandonne avec ce qui lui faisait obstacle;
et que je n'ai plus de colère, n'ayant plus de raison de haïr!

Ah! Prométhée! assassin, fou, trois fois assassin et trois fois
    fou,
sur quelle pente de folie et de meurtre allais-tu lancer tes
    enfants, les hommes,
vers quel abîme allais-tu pousser la terre et l'Univers?
Comment? Il ne devait plus y avoir de repos pour toi ni pour
    personne parce que tu voulais faire la guerre au néant?
Néant toi-même, abîme dans l'abîme, arrête-toi s'il en est temps
    encore!
Feu, mon feu mortel, ne franchis pas le lit que je t'ai assigné
    avant de te déchaîner sur le monde!
Que mes compagnons retiennent le monstre dans sa cage
s'il en est temps encore,
O désastre!

Il va vers le fond en criant.

Arrêtez! compagnons, arrêtez! Cessez le travail! Retenez le ton-
    nerre!
Étouffez le feu, bâillonnez la foudre!
Éteignez mes forges! Arrêtez tout!
Je vous en conjure, mes amis, mes frères!
Je vous l'ordonne! Ne perdez pas un instant! Assez! Assez!
    Assez!

*A ce moment une formidable déflagration se fait entendre,
tandis qu'une lueur pourpre envahit tout l'horizon. Promé-
thée, saisi d'horreur, recule et se laisse tomber, accablé, sur
un rocher.*

Trop tard! J'ai déclaré la guerre à ce qui n'est pas!
Et pour l'ombre d'une absurde vengeance
je vais anéantir tout ce qui est!
O femme, ô mère nourricière de la mort,
quel crime abominable, par les mains de ton fils, ont commis
    tes mensonges?

*Un roulement plus faible mais continu remplit la vallée.
Arrive Deucalion en courant.*

DEUCALION

Père, père, ah trop habile Prométhée!
Ton œuvre est consommée.

J'ai vu — j'ai vu la chose impossible à décrire...
O monde! monde qui meurs, que tu étais beau!

Il se voile la face.

PROMÉTHÉE

Ne me dis rien.
Je connais les effets de ma science.
J'avais tout prévu, tout calculé.
Je sais, tu n'as rien à m'apprendre.
Mais d'où viens-tu? Où est ma mère?

DEUCALION

J'ai couru comme vous me l'aviez ordonné
jusqu'au bord du promontoire,
là où un sentier de montagne descend jusqu'à la plaine.
C'est là, c'est alors...

PROMÉTHÉE

Je sais, je sais... Où est ma mère?

DEUCALION

C'est alors qu'une secousse épouvantable
me fit tomber brutalement sur le sol
la face contre terre.
Heureusement pour moi
car une lueur intense
qui m'eût à coup sûr aveuglé
remplit la vaste vallée qui conduit au golfe
en même temps qu'un fracas ébranlait les airs
comme si mille orages accompagnés de leurs tonnerres
éclataient en même temps au pied des monts.
Quand la lueur eut disparu, quand le tonnerre se fut changé
    en un roulement lointain
je relevai la tête et je pus contempler l'incroyable spectacle.
Toute la vallée, herbes, broussailles, forêts, rochers,
toutes les villes et les villages étagés sur les riantes collines
    où croissait la vigne

tout dans le temps d'un clin d'œil avait été consumé et n'était
  plus que cendres inertes et fumantes.
Et à la place des champs cultivés, sur le terre-plein des villes,
d'immenses et profonds cratères s'étaient creusés.
Je fis quelques pas sur le chemin — prudemment, car à mesure
  que j'avançais
la terre devenait chaude et brûlait mes pieds comme la lave
sur les flancs d'un volcan.
Le premier village que j'atteignis n'était plus qu'un amas
  de poussière bleuâtre,
un tourbillon d'âcre fumée.
Je ne vis que les squelettes carbonisés d'un homme et d'un
  chien,
plus loin la tête noire et tordue d'un taureau.
Je m'arrêtai. Toute vie était morte.
Je refoulai tant d'horreur en moi-même
comme on force une bête furieuse à rentrer dans sa cage.
A quoi sert de gémir, ô mon père, vous avez voulu cela
votre volonté est faite. Le feu de Prométhée a éclaté
et aussitôt tous ceux qui vous ont aidé à l'allumer
tous les hommes, enfants de vos mains, ont péri par vos mains!

PROMÉTHÉE, *accablé.*

Hélas! Et ce n'était qu'un premier pas
avant de lancer le monde à l'assaut de la demeure des dieux!
O trop crédule Prométhée! ô enfant infortuné d'un mensonge
  pieux!
Où est celle qui fut cause de tout,
celle qui mit au monde mon criminel génie
et l'emplit des illusions de la haine?
Où est-elle? Parle! Va-t-elle bientôt venir?
L'as-tu rencontrée en chemin?

Deucalion se tait.

Eh bien, parle! Où est-elle?
Elle avait voulu faire le bien et n'a fait que le mal.
Je veux lui demander humblement pardon de l'un et de l'autre.
Quoi! Tu ne réponds pas!

DEUCALION

Hélas, père, quand le village le plus haut sur la montagne
n'est plus que cendres, comment pouvez-vous croire
qu'il reste encore une âme vivante dans la plaine?
De loin, j'ai reconnu, noircie par la fumée
la demeure de votre mère : elle y allait tantôt quand elle
    m'a quitté.
A peine avait-elle atteint le seuil de sa maison
que l'incendie éclatait furieux!
Vous ne pourrez même plus serrer entre vos poings ruisselants
    de larmes
un lambeau de son voile, une mèche de ses cheveux.
Tout à l'heure, elle avait pressenti sa mort, elle disait
qu'il était temps pour elle de rendre aux éléments
la part de leur empire qu'elle avait si longtemps détenue.
L'heure, en effet, est venue par la volonté de son fils,
mais des quatre éléments, le feu seul a suffi pour triompher
    d'elle,
emportant, avec la part qui lui était due, celle des autres
    éléments.
Elle s'est dissipée dans l'air après l'orage,
en flamme, en fumée, en vapeur légère,
celle qui vous donna le jour, à vous et à vos frères et à toute
    votre lignée,
la mère, la souveraine issue des eaux de l'océan.
Je révère son âme auguste comme les monts,
tendre comme la laine, créée pour l'amour,
fille du ciel et de la terre,
fruit radieux du mariage de toutes les choses.
Puisse l'azur que j'aime être doux à sa fumée!

> *Il fait quelques pas comme pour s'en aller. Prométhée*
> *l'arrête d'un geste.*

PROMÉTHÉE, *avec angoisse.*

Où vas-tu? Veux-tu me laisser seul ici?
Depuis longtemps déjà tes autres frères
m'ont quitté. Toi seul restais, je t'apprenais l'art pacifique

de construire les voiliers et de diriger à ton gré leur course
    gracieuse...

DEUCALION

Père, je vous quitte sans haine
mais aussi sans amour. Je descends vers la mer
où naquit autrefois celle que nous pleurons.
Oui, vous m'avez appris à lancer les vaisseaux rapides aux
    voiles pourpres
sur les eaux paisibles de nos côtes.
Moi qui suis fait pour adorer le bleu profond de l'azur
moi, dressé à l'avant d'un navire ou endormi sous les agrès
doucement agités,
j'irai loin devant moi poussé par les vents favorables,
cherchant dans le reflet des deux abîmes
une alliance avec mon nouveau dieu : le néant !

Il s'éloigne.

PROMÉTHÉE *se relève, le visage ravagé,*
vieilli et le dos lourd.

Seul ! Je suis seul.
Je suis las, je suis seul, mes ennemis sont morts
et j'ai perdu les êtres que j'aimais.
Cependant je refuse le désespoir et la faiblesse.
A rien je ne renoncerai.
Je suivrai jusqu'au bout ma route.
Je finirai ce que j'ai commencé.
Si douloureux que soit le prix de mon audace
je ne veux pas savoir vers quelle horreur je vais.
Ombre, mon ombre, chien qui autour de moi rampes sans
    repos,
quel gouffre, quel charnier recouvres-tu ?
Ne vivrai-je plus un seul jour
sans que tu me suives à la trace,
haletant comme la hyène vers sa proie moribonde ?
Quels sont ces pas que j'entends monter de la plaine
ces pas d'un homme seul qui gravit les rochers
et qui semble hors de raison ?

Un silence.

Qui murmure? Qui bourdonne? Est-ce la guêpe? Non,
les sons variés se pressent infatigables,
étrangers à la torpeur des campagnes en cendre.
En retard d'un instant sur ma voix
comme l'écho dans la montagne
ils me pressent, ils me guettent, ils me cernent
la question répond à la question
l'imprécation à l'imprécation
l'ordre à l'ordre, le hurlement au hurlement.
Qui parle ici? qui ose? qui m'affronte?

Un silence.

Allons! Répondez! Mais répondez-moi!

Un silence.

Quand je me tais la voix se tait
quand je gémis elle gémit
quand je crie elle crie.
Ah torture adorable, fierté de mon néant
il n'y a plus de solitude
je parle et je me réponds
je souffre et je me combats
je sais, je sais bien désormais
dans le désert superbe de la nuit
quel est le dieu que je menace :
moi-même, Prométhée!

Rideau

Des arbres et des hommes

ORATORIO PROFANE

PERSONNAGES

LUI, *tantôt un jeune arbre, tantôt un jeune homme.*
ELLE, *tantôt un jeune arbre, tantôt une jeune femme.*
L'AUTRE, *tantôt un homme, tantôt un arbre : dans les deux cas,
un être d'âge mûr, robuste, orgueilleux et dur.*

Les personnages et la scène forment une forêt.

PROLOGUE

LA VOIX

Une forêt comblée de silence
une forêt bruissante de paroles
paroles qui n'ont pas encore de forme
bien que les feuilles qui les profèrent
aient le dessin d'une bouche,
bien que le vent qui les anime
ressemble au souffle des hommes.

Un temps.

Dans l'ombre qui commence, le drame
lentement s'amoncelle, en même temps que l'orage.
Va-t-il courber vainement l'une vers l'autre
ces hautes statures végétales
ou viendra-t-il sur vos pas fiévreux,
nomades éternels, hommes déracinés?
Arbres de la forêt, amants pourchassés,
peut-être serez-vous foudroyés par le même ouragan?
Peut-être celui qui se plaint d'être enchaîné
et celui qui se plaint d'être libre
vont-ils échanger leur douleur
et peu à peu devenus semblables
finir la bouche pleine de terre,
également immobiles,
silencieux et séparés?...

La fin d'un jour d'été ensoleillé dans une forêt, à une croisée de chemins, qui dessine comme une « place ». Au premier plan, le soleil couchant éclaire, en plein, deux arbres de moyenne taille, qui ont poussé côte à côte, séparés par un faible espace. Leur tronc s'élance à partir de deux sortes de socles où leurs racines apparaissent, sortant du sol, mêlées de mousse, de feuilles mortes et de touffes d'herbe. (Si la scène n'est pas haute, on n'apercevra, bien entendu, que leurs plus basses branches.) Un peu plus loin, au second plan, à droite, on distingue à peine, dans la pénombre commençante, un autre arbre, plus grand et plus gros que les deux autres, seul sur un « socle » semblable, fait de racines et d'herbes. Plus loin, quelques silhouettes d'arbres laissent apercevoir, au-delà, une clairière où la fin du jour allonge ses rayons.

Après un moment de silence pendant lequel on entend, à intervalles irréguliers, un merle saluer la fin du jour, arrive de la gauche une jeune femme, vêtue de façon simple et seyante. Mais elle semble harassée; ses cheveux et ses vêtements sont en désordre. Elle ne porte rien, ni chapeau ni sac. Elle est arrivée presque en courant. Elle se laisse tomber, de fatigue, au pied d'un des deux arbres du premier plan. Un temps se passe. D'abord en silence. La jeune femme, tout en restant assise, donne un coup de peigne à ses cheveux et rétablit le désordre de ses vêtements. L'oiseau chante encore une fois ou deux. La lumière baisse un peu. Tout à coup un appel de voix d'homme, au loin. La jeune femme dresse l'oreille. Deuxième appel plus proche. Elle ne répond pas. Troisième appel, très proche, presque anxieux. Il est visible qu'elle reconnaît cette voix, mais elle semble décidée à ne pas répondre.

LA VOIX, *appelant, toute proche, pour la quatrième fois.*

Hé! Ho!... Hé... ho!

ELLE, *à voix basse, pour elle-même.*

Il est fou de m'appeler ainsi!

LUI, *apparaît, haletant; il vient de courir.*

Ah! Enfin!... Tu ne m'entendais donc pas?

ELLE, *se levant et allant à sa rencontre.*

Comment mon cœur ne battrait-il pas lorsque je reconnais ta voix?

LUI

Voilà une heure que je cours! et que je crie!

ELLE

Tu es fou de m'appeler ainsi : cela pourrait...

LUI

Quoi donc?

ELLE, *avec hésitation.*

Je ne sais pas... Peut-être le mettre sur la voie.

LUI

Comment saurait-il que nous nous cachons de ce côté? Et comment l'empêcher d'y venir?

ELLE

Il est rentré à la maison plus tôt que nous ne pensions. Il a interrogé Édith, qui m'a tout raconté. Elle lui a dit qu'elle ne savait rien. Alors... *(elle hésite, comme terrifiée).*

LUI

Alors?

ELLE, *à voix basse.*

Je n'ose pas te le dire... Serre-moi dans tes bras!

LUI, *s'approchant*
et la serrant longuement dans ses bras.

Qu'a-t-il dit? Qu'a-t-il fait ou dit qui t'inquiète ainsi?

ELLE

Il a dit... qu'il nous chercherait... et qu'il nous tuerait!

LUI, calme.

C'est tout? Que pouvait-il dire d'autre, pour sauver son orgueil, devant Édith?

ELLE

Tu ne le connais pas. Il ne rompt le silence, son terrible silence, que pour agir... Il est parti comme un fou.

LUI

Dans quelle direction?

ELLE

Peu importe. Il va chercher partout. Pendant toute la nuit, s'il le faut. Et jusque dans cette forêt, où il ne vient jamais pourtant!

LUI

Nous sommes déjà loin. Et il y a le gué, les fourrés, les rochers, plusieurs clôtures entre lui et nous — et puis tous ces arbres qui nous entourent, comme des gardiens vigilants!

ELLE

Tous ces obstacles, puisque nous les avons franchis, pourquoi ne pourrait-il pas les franchir à son tour?

LUI

Mais nous courions. Et nous sommes plus jeunes que lui. Et l'espoir de nous retrouver nous emportait, de nous retrouver pour toujours, d'être libres! Tu le sais?

ELLE, presque rassurée.

Oui! Pardonne-moi! La fatigue! J'ai tant couru! Et toi aussi, mon pauvre amour!

LUI, se laissant tomber
au pied d'un des deux arbres. Avec amertume.

Oui! Mon sang bourdonnait à mes oreilles et je le sentais

affluer à mes lèvres comme un vin! C'était l'ivresse de la joie, puisque j'allais t'emporter pour toujours!... Mais à quoi bon si c'est pour t'entendre parler encore de lui au moment même où je te retrouve. *(Découragé :)* Tu ne lui échapperas donc jamais!

ELLE, *câline.*

Laissons ce sujet, mon grand amour!... C'est vrai que nous ne craignons rien, qu'il ne peut pas venir jusqu'ici...

LUI

Il est sans cesse présent dans tes paroles!

ELLE

Repose-toi! Apaise-toi! Je veux te dire vite ce qui s'est passé, parce qu'il le faut. Après, nous n'en parlerons plus... Plus jamais!

LUI

Que ton récit soit bref! Qu'il soit le dernier lien tranché entre toi et lui!

Elle s'assied près de lui, auprès du deuxième arbre.

ELLE

Dès que je t'ai quitté tout à l'heure, j'ai écrit la lettre d'adieu. Je l'ai glissée sous sa porte et je suis partie. J'ai couru jusqu'au bout du village, dans une ruine où il ne va jamais, que peut-être il ne connaît même pas : j'avais demandé à Édith de me rejoindre là, dès qu'il serait rentré et qu'il aurait trouvé la lettre...

LUI, *soupçonneux.*

Pourquoi tant de complications, de... détours?

ELLE

Mais ce ne sont pas des complications! Au contraire c'était

pour m'assurer de ce qu'il ferait, pour partir... tranquillisée...
que sais-je?...

LUI, *incrédule.*

Tout cela est-il bien vrai?... *(Elle a un moment d'indignation.
Elle lui prend la main tendrement.)* Comprends-moi, ma chérie.
Je veux dire : est-ce que tu n'es pas dupe de toi-même? Est-ce
que tu n'avais pas au fond de toi... un dernier sursaut d'inquié-
tude... d'attachement?... Sinon, pourquoi chercher à savoir ce
qu'il va penser de toi, de nous, de lui-même, ce qu'il fera ou
ne fera pas? Avons-nous décidé, oui ou non, d'en finir? Est-ce
que nous n'avons pas décidé de... fuir?

ELLE

Ne dis pas ce mot, je t'en prie : c'est un mot dégradant!

LUI

Rien ne pouvait être aussi dégradant que de continuer à
vivre ainsi, dans le mensonge!... Et puis, il n'y a pas d'autre
mot *(insistant durement)*, nous nous sommes enfuis. Tu as couru
et j'ai couru! Nous étions comme des gens traqués, comme des
voleurs poursuivis!... Car tu as franchi, toi aussi, ce long espace
en courant à perdre haleine, n'est-ce pas, mon pauvre petit!
Et tu...

ELLE

Je n'en peux plus. J'ai couru en effet près d'une heure.
Comme une folle. Cherchant en vain l'endroit où tu m'avais
donné rendez-vous. Je ne trouvais plus cette croisée de chemins,
où, pourtant, nous nous sommes retrouvés si souvent!

LUI, *lui caressant les cheveux.*

En forêt, tous les carrefours se ressemblent. Lorsqu'on se
perd et que l'on tourne en rond, ce sont les arbres qui ont l'air
de courir autour de nous, pendant que nous piétinons sur
place!... *(La regardant avec un profond amour :)* Comme tes
beaux traits sont tirés!

ELLE

Je me sens laide!

LUI

Non, tu n'es pas laide et tu ne le seras jamais. Tu es comme
la divinité de cette clairière...

ELLE

Tu as retrouvé ta voix d'enfant, pour me le dire.

LUI, *regardant autour d'eux.*

C'était bien notre enfance qui nous attendait ici!

ELLE

Plus tard, adolescents, nous sommes revenus, et puis, il y
a deux ans...

LUI

Les grands moments de notre vie se sont passés entre les
trois arbres de cette clairière.

ELLE

Nous avons grandi comme si nous étions nous-mêmes deux
jeunes bouleaux, côte à côte, espérant le soleil et parcourus
des mêmes frissons.

LUI

Les pauvres arbres! Les pauvres êtres enchaînés! Ils ont tou-
jours l'air d'une armée qui attend, immobile, on ne sait quel
commandement...

ELLE

...ou, s'ils sont deux, comme ces deux-là *(désignant les deux
arbres au pied desquels ils se sont assis)*, d'un couple de mariés
qui attend, sous le porche de l'église, avant de descendre les
marches...

LUI

Ils ne descendent jamais les marches, ils ne trouvent jamais leur piédestal!

ELLE

Peut-être sont-ils plus heureux que nous!... Partir, courir... illusions! Puisque toute notre vie nous ne pourrons que piétiner dans un étroit espace! Quel mirage insensé! Et quelle malédiction que le don de se mouvoir!

LUI

Qui sait où est la malédiction? Dans l'immobilité ou dans la liberté? Dans le silence, ou dans nos paroles?

ELLE

Ce soir je suis trop lasse pour aimer le mouvement...

LUI

Ce n'est pas la lassitude de ton corps mais, peut-être, celle de ton cœur. Sans doute, tout est consommé. Cependant... ne regrettes-tu rien?

ELLE

Je ne regrette rien. Je te dis que je suis comme une bête, ou comme un arbre, sans pensée, sans souvenir, à bout de forces...

Elle s'étend complètement et s'étire.

LUI

Tu ne réponds pas à ma question.

ELLE

Je réponds que je t'aime.

LUI

Tu te dérobes de plus en plus!

ELLE

Me dérober, moi? Ingrat! Alors que je viens de rompre tout lien avec ma vie antérieure! Pour toi!

LUI, *amer.*

« Pour moi! » Presque un reproche!... Déjà!...

ELLE

Allons! Nous sommes aussi fatigués l'un que l'autre! Nous devrions nous taire! Au moment de la plus grave décision de notre vie, nous laisserons-nous aller à des paroles inutiles et douloureuses, que nous regretterons, mais qui ne changeront rien?

LUI, *avec lassitude.*

Alors? Nous taire! Après l'immobilité, voilà que tu souhaites le silence! Est-ce là le bonheur promis?

ELLE, *vivement, se redressant.*

Tais-toi! Tais-toi vite! Ne prononce plus de paroles semblables! Ne gâchons pas notre amour qui est si ancien et notre liberté qui est si neuve!... *(Doucement :)* Retrouve ton enfance, notre enfance!... Parle comme tout à l'heure!...

LUI, *s'étendant.*

Oui... C'est ici que j'ai souvent songé au secret des arbres. Je t'attendais en mâchonnant des herbes, en froissant sur mes doigts la résine poisseuse et odorante des pommes de pin. Et puis tu paraissais. D'abord en robe d'enfant, un coquelicot des prés! Puis avec une jupe de jeune fille, comme la cloche d'un volubilis! Puis soyeuse et lisse comme une tulipe, comme une femme... O corolle qui est pour moi tombée enfin!

ELLE, *souriant et lui tendant la main,*
tout en restant étendue.

La récompense du jardinier fidèle!... Je n'ai jamais quitté cette croisée de chemins!

LUI

Ni moi non plus!...

ELLE

Et tout le reste est oublié, aboli!

LUI, *avec nervosité.*

Encore un mot de trop : dire que l'on a oublié quelque chose, c'est s'en souvenir!

ELLE, *tout en restant étendue,*
le forçant à s'étendre à nouveau.

Chu... u...u...t! Je n'ai rien dit. Je suis muette comme une plante. Et je ne veux parler désormais que pour te plaire!... *(Après une hésitation :)* Pourtant, mon amour, permets-moi une dernière question.

LUI, *avec inquiétude.*

Que vas-tu dire, encore?

ELLE

Rien que des choses utiles. Après, ce sera fini. Je ne parlerai plus que le langage de l'amour et celui des arbres...

LUI

Alors, vite!

ELLE

Resterons-nous ici cette nuit?

LUI

Mais, sans doute!

ELLE

Ne crains-tu rien?

LUI

Que craindrais-je?

ELLE

Que nous ne puissions pas atteindre la gare...

LUI

Pourquoi? A l'aube nous n'aurons plus qu'une heure de marche pour y arriver.

ELLE

...que l'on ne nous retrouve avant que nous ayons pu prendre le train?

LUI, *se relevant avec colère.*

Qui : « on »? Lui, naturellement! Tu vois bien : lui, encore lui, toujours lui!... Nous avons fui? C'est pour le retrouver. En pleine forêt, il est là *(désignant les arbres)* ...là... là... partout... derrière chaque arbre, *dans* chaque arbre!

ELLE, *se relevant aussi*
et le serrant dans ses bras.

Je t'en supplie. Ne m'en veux pas! C'est pour protéger notre liberté que je parle de tout cela! Parce que je suis prudente. C'est pour nous, entends-tu, pour nous!

LUI, *secouant la tête.*

Tu ne peux te détacher de lui!

ELLE

Mais réfléchis : il ne s'agit pas de « pouvoir » ou de ne pas pouvoir. Je me suis détachée de lui! Nous sommes libres! Nous sommes seuls!

Il continue à secouer la tête, en silence.

ELLE, *le secouant gentiment à bout de bras
et le regardant dans les yeux.*

Regarde-moi! Je suis là! Debout à côté de toi!... Deux arbres! Nous sommes deux arbres enlacés!... Pour toujours!... *(Désignant les deux arbres :)* Comme ces deux-là!

LUI, *se laissant retomber par terre, à genoux.*

Ah! J'ai toujours peur que tu ne retournes à cet homme!... Pas seulement ton corps : ton esprit!

ELLE, *s'asseyant auprès de lui. Avec passion.*

Je suis tout entière avec toi. Rien ne nous sépare!

LUI

Répète souvent ces mots — ce sera le contrepoison, le talisman!

ELLE, *le forçant à s'étendre et s'étendant elle-même.*

Repose-toi! Reposons-nous! Nous allons... nous retrouver!

Un silence, pendant lequel on les croirait endormis. Brusquement elle se redresse à demi, prend fébrilement la main de son ami.

ELLE, *à voix basse, angoissée,
comme se réveillant d'un demi-sommeil.*

As-tu entendu?

LUI, *déjà à moitié endormi, se réveillant.*

Quoi donc?

ELLE, *même jeu.*

Des pas! Des pas! Je suis sûre d'avoir entendu des pas.

LUI

Mais non, rien : peut-être...

ELLE

Lui, n'est-ce pas? Il vient! Il vient pour nous tuer!

LUI

Mais non! Calme-toi. Ce n'était rien! Peut-être le bond léger d'un animal, un oiseau qui remue les ailes dans son rêve...

ELLE

Chut! Écoute!

Un silence. Elle épie le silence de la forêt.

LUI

Tu vois bien! Il n'y a rien! Dors, ma chérie! Efforce-toi d'oublier!

ELLE, *se redressant,*
mais dans un soupir d'immense fatigue.

Ce silence! Ce silence qui lui ressemble!... Si tu savais!... Ce silence qu'il observait depuis des mois! Son orgueil, son orgueil! Savoir, ou simplement deviner, mais se taire!... C'était comme un poids toujours plus pesant sur ma vie. Ah! Intolérable! Intolérable!

LUI

Oui. Tu as souffert, ma pauvre âme. Tellement souffert! Mais c'est fini! Tout est racheté, par ton geste, par notre courage, par notre amour!

ELLE

Avons-nous retrouvé notre enfance? Parle-moi de notre enfance!

Ils s'étendent à nouveau côte à côte.

LUI

Nous sommes dans notre forêt d'autrefois.

ELLE

Nous sommes deux arbres, n'est-ce pas? Et notre immobilité nous protège?... *(Avec un regain d'inquiétude :)* Mais lui! N'est-il pas un arbre, lui aussi? Serons-nous condamnés à trembler toujours dans son ombre?

LUI

Chacun de nous reste à la place que le sort lui destine. Il a grandi loin de notre cercle enchanté : il ne pourra donc nous atteindre. Et nous qui sommes nés côte à côte, rien ne pourra nous séparer.

ELLE

Nous n'aurons plus d'autre souci que d'être?

LUI

Nous n'avons plus qu'à vivre, à nous accroître l'un de l'autre...

ELLE

... A ne jamais changer? Ce sont donc les noces de deux arbres? Rien ne peut nous séparer?

LUI

Redis-moi ces mots, les mêmes, pendant le reste de ma vie!

ELLE

Je suis tout entière auprès de toi. Unique et cependant mouvante comme une flamme... De mes racines à mes plus hautes feuilles...

> *Il lui prend le bras et se retourne de côté en la regardant. La nuit est tout à fait venue.*

LUI

Mes rameaux te cherchent dans la nuit... te rejoignent... se mêlent à tes rameaux...

ELLE, *dans une sorte d'extase.*

Nos feuillages ensemble s'endorment...

LUI

Mille oiseaux... se sont tus... au cœur de ma vie.

ELLE, *déjà s'endormant.*

L'air... la fraîcheur... circulent... de tes veines... à mes veines.

LUI

Dors... mon amour... dors... petit arbre... dans mon ombre...

ELLE

O frondaisons!

LUI

O branches!... O racines!

ELLE

Enchaînés l'un à l'autre!

LUI

Murmure, feuillage! Murmure, oiseau!

ELLE

Je suis là, je suis là!

LUI

Nous ne bougerons plus de ce lieu!...

Ils s'endorment. Le clair de lune éclaire peu à peu la forêt. Dans la scène suivante il apparaîtra et disparaîtra, par intermittences, suivant le mouvement des nuages.
Un temps de silence. Puis, avec des mouvements de rêve, très lents et déjà « végétaux », Lui et Elle se relèvent,

*s'étirent et montent lentement se placer sur les « socles »
des deux arbres au pied desquels ils se sont endormis,
cependant que, derrière eux, la silhouette des deux vrais
arbres s'estompe et disparaît. Ils sont devenus eux-mêmes
les deux arbres debout côte à côte.*

ELLE

Je dormais, il me semble... Ou le vent qui me donne la vie
s'était-il endormi? Tout le jour mon feuillage
avait frémi pour toi dans le soleil
du passage de mille insectes.
Et vers le soir pour que tu m'entendes
mes rameaux chargés d'ombre
s'étaient longtemps animés de ramages,
puis plus rien!... Plus un souffle et la nuit déjà fraîche
comme un bloc de cristal m'entoure,
transparente au premier scintillement des étoiles...
Est-ce que tu dors?
Je veux savoir que tu es vivant près de moi.

LUI

J'entends que tu me parles. J'entends un doux murmure
mais je ne te vois plus!...

ELLE

         Nous sommes côte à côte et nos regards sont inutiles
si je sens que de tout son pouvoir ta stature
embrasse ma vie et que ton sang
ruisselle dans mon sang.

LUI

         Feuilles froissant ton feuillage
branches mêlées à tes ramures
ne sens-tu pas que je te tiens et que je te garde?

ELLE

Oui, de tout frôlement je m'enivre, de tous les souffles
qui font pencher nos frondaisons l'une vers l'autre

et dans la terre nos racines se nouer, nos pas heureusement
  inutiles!

LUI

Hélas!

ELLE

Pourquoi soupirer? Nous avons ensemble grandi
ensemble suivi les saisons. J'aime le sol qui nous lie.

LUI

La foulée, la foulée des hommes et des bêtes
qui vont et viennent sur la terre!

ELLE

Notre vie est de vivre enchaînés l'un à l'autre

LUI

Hélas sans jamais nous atteindre!

ELLE

Je suis plus près de toi nous sachant immobiles :
Tu ne peux m'échapper!

LUI

Ce n'est pas pour te fuir
que je voudrais sortir mais pour être encor plus près de toi
mais pour briser ta propre solitude
et que l'amour enfin nous confonde.

ELLE

Le mouvement unit les êtres et les sépare en même temps.
On ne fait jamais que quelques pas dans ce monde
mais ils peuvent suffire à nous arracher l'un à l'autre!
Ici, je sais que tu es là.

LUI

Ma force me semble inutile
si je ne peux aller chercher pour toi le monde
et te l'apporter en présent.

ELLE

Le monde? je l'accueille sans mouvement.
C'est lui qui bouge et nous ranime longuement
et moi qui m'enchante des heures
parce que ce sont nos mêmes heures,
j'entends pour nous rouler là-haut les astres,
leur glissement divers nous colore
leurs rayons brûlants ou glacés
offrent la même coupe où nous désaltérer.
J'aime que notre horizon soit pareil
et que le temps qui tourne autour de nous
se reflète à nos pieds dans la même fontaine.

LUI

Non! Tout n'est que chaînes et prison.
Que nous vivions cent ans ou un seul
nous n'avançons pas davantage l'un vers l'autre,
et nous vieillirons sans pouvoir détourner l'un de l'autre
nos yeux pleins de regrets et de pitié!

ELLE

Je n'ai plus de regrets, je n'aurai jamais pitié de notre amour.
Il s'accroît saison par saison
de tout le sang lumineux
que distillent en lui l'air et l'eau
selon le battement de la vie.

LUI

Non! Non! Sans cette chaîne, si nous n'avions pas
à traîner tout le poids de la terre à nos chevilles
nous pourrions, sans jamais nous quitter,
nous élancer sur des chemins nouveaux,
ensemble voler vers les sommets...

ELLE

Cela se passe dans le monde condamné
de la fatigue et de la douleur
dans l'enfer de la crainte et des bêtes poursuivies.

LUI

Nous aurions connu d'autres cieux,
d'autres pluies, d'autres clartés,
et nous serions nous-mêmes devenus autres.

ELLE

Nous aurions oublié ce que nous avons aimé
et nous-mêmes, nouveaux inconnus!...

LUI

Nos voix, nos pas livrés à tous les vents
auraient éveillé mille échos dans les halliers
et dans les gorges des montagnes.

ELLE

C'est notre propre voix qui est l'écho.
Nous croyons chanter ou gémir
mais c'est le silence des choses
qui parle par notre bouche.

LUI

S'il veut parler et se plaindre
l'être inachevé qui se tait,
je suis donc ici pour répondre.
Et si mon corps grandit, vieillit et meurt
c'est pour donner la vie au monde inerte et désolé
qui frissonne de froid sous ses étoiles.

ELLE

Je n'ai pas peur du secret des pierres
qui me nourrit,

ni du métal lointain des astres
dont je suis transpercée.
Si nous étions deux rochers côte à côte
j'aurais enfin l'éternité pour mon amour.

LUI

Je n'aime que l'éphémère. Sans leur fragilité
nos fleurs ne seraient qu'un long ennui.

ELLE

Je voudrais fleurir toute ma vie.

LUI

Je suis inquiet. Je cherche.

ELLE

J'attends, je suis fidèle.

Un silence, pendant lequel on entend un lointain et léger roulement de tonnerre.

Entends-tu? Le charroi de l'orage
se prépare là-bas. Les nuages vont fuir,
le vent se rapprocher, les étoiles disparaître,
l'éclair et le tonnerre craquer! Je respire déjà largement
les mouvements du ciel qui nous feront voguer et tanguer
sans sortir de la rade.

LUI

Puisses-tu n'en pas souffrir, puisse ton souffle
n'être coupé qu'un instant par la délicieuse ondée!

ELLE

Toi qui n'as peur de rien, pourquoi ces craintes?

LUI

Je ne sais quel pressentiment...

ELLE

C'est peut-être le signal obscur
de ce que nous ne savons pas nommer?

LUI

Ce qui n'a pas de nom est horrible!

ELLE

Faut-il craindre ce qui nous dépasse?

LUI

Craindre, pas seulement, mais haïr
ce qui nous emporte et nous dévore!
Je hais les ténèbres et leur visage informe.

ELLE

Frôle mes feuilles mes mains fraîches
chacune est doublée d'une ombre, égale à sa forme.
Quand vient le soir, toutes ces feuilles noires
se rejoignent en une seule nappe
qui m'engloutit jusqu'au matin.
Respire sur moi l'odeur
de cette paix et de ce silence.
La nuit surnaturelle est au-delà
et ne menace que de loin.

LUI

Ma cime dépasse plus d'un arbre. Je vois au loin.
Je suis fait pour veiller.

ELLE

                C'est pour cela que dans ton ombre
je ne vois que clartés, je n'entends qu'un chant continu.

Un nouveau silence. Un nouveau roulement lointain.

LUI, doucement.

Respire en paix. J'ai pris sur moi la part de l'ennemi.
Souhaite que la tempête
devienne pour toi le départ attendu
et que comme le voyageur qui croit qu'il s'en va
nous ne quittions pas cette terre!

Un silence un peu plus long. Un nouveau roulement.

ELLE

Tes mains, tes mains sans nombre!

LUI

Je suis là, toujours!

ELLE, moitié avec adoration,
moitié avec inquiétude.

La terre a tremblé profondément
comme si elle voulait nous délivrer.

LUI

Toute vie est ensorcelée. Si les enchanteurs nous ôtent nos
    liens
craignons que ce ne soit pour nous livrer
à des puissances pires!

ELLE

J'ai froid!

LUI

C'est la première fraîcheur de l'orage.

ELLE

J'ai froid. Rapproche-toi.

LUI

Hélas. Je ne puis te serrer contre moi davantage!

ELLE

Dis-moi que rien ne nous menace!

La lune éclaire un moment les deux arbres.

LUI

Regarde, entre ces deux nuages,
la lune qui se montre un instant.
Elle rassure. Nous ne sommes plus seuls.

ELLE

Ce n'est pas la solitude qui me fait peur,
mais la foule de nos semblables
autour de nous, dans ces ombres qui bougent lentement
et, parmi ce peuple muet, quelqu'un...

LUI

Quelqu'un?

ELLE, *avec appréhension, à voix basse.*

Quelqu'un qui serait là pour nous guetter!

LUI

Rien ne change. Nous sommes tous
fixés au même point de l'espace. Nul ne peut survenir,
chacun est là depuis toujours.

La clarté lunaire disparaît. L'obscurité s'épaissit.

ELLE, *avec angoisse.*

La nuit! La nuit de nouveau!

LUI, *avec un tendre reproche.*

Tu l'exaltais tout à l'heure. Cette nuit efface les frontières
qui nous séparent...

ELLE

...et celles qui nous séparent
de tous les autres! La foule. La foule obscure. Est-ce qu'elle
nous ignore ou est-ce qu'elle nous surveille?

LUI

Ce sont nos frères, voyons!

ELLE

Comme ils sont silencieux!

LUI

Que pourraient-ils dire
que nous ne sachions déjà nous-mêmes?

ELLE

Qu'ils parlent! Qu'ils disent quelque chose!

LUI

Ils font comme nous : ils attendent
de parler par la voix du vent et du tonnerre,
et, demain, par la voix des oiseaux
qui salueront le nouveau jour.

ELLE, *implorant*.

Crois-tu qu'elle viendra pour nous, cette matinée radieuse?

LUI, *avec tendresse*.

Souviens-toi d'aujourd'hui!

ELLE

Je ne sais plus. J'ai peur...

LUI

C'est notre infirmité
de ne croire qu'à l'instant présent.

ELLE

Cet instant est plongé dans une nuit sans limite
et sans réponse...

LUI

Pourtant le soleil dort
de l'autre côté de la terre en attendant de reparaître.

ELLE

Mes souvenirs, mon espérance, tout vacille...

Un premier éclair, encore lointain.

ELLE, *avec effroi.*

Ah!

LUI

Qu'y a-t-il? Rien qu'un éclair!
Rien qui nous soit inconnu!

*Un roulement de tonnerre, encore lointain, mais pro-
longé.*

ELLE

Ce n'est pas l'inconnu qui m'effraye
mais tout ce que je sais!

LUI

Pourtant tu ne me crains pas?

ELLE

Je crains pour toi la foudre. N'as-tu pas dit
que tu vois plus loin que les autres?

LUI

Il en est de plus grands que moi
mais je suis protégé par mon amour.

Un nouvel éclair plus intense.

ELLE

On dirait que quelqu'un
a bougé de ce côté-là!

Elle désigne la droite avec terreur.

LUI

Je vois cent arbres pareils à nous
rassemblés dans la forêt profonde.
Ils semblent s'avancer mais c'est l'éclair
qui bouge pour eux tous.

Le tonnerre, un peu plus proche.

ELLE

On dirait que quelqu'un a grondé!

LUI

C'est le tonnerre. Tu trembles! Viens!

ELLE, déchirante.

Je ne peux m'approcher. Je ne peux
que te tendre mes bras vainement. (A voix basse :) J'ai peur!

Un éclair très intense éclaire toute la scène et fait appa-
raître à droite, l'Autre, qui est un arbre et qui est un homme.

Ah! je te le disais bien! L'ennemi!
Lui!... Tout près de nous!... Ah! Défends-moi!

L'AUTRE, dont la colère éclate soudain
presque en même temps que craque la foudre.

Les bêtes! Les bêtes! Les bêtes sur vous!

ELLE, d'une voix mourante.

O mon ami... je te le disais bien : l'ennemi... était là,
il nous guettait!... il vient pour nous tuer.
Emporte-moi!

LUI

N'aie nulle crainte. Nous ne pouvons fuir
— mais il ne peut nous atteindre.

L'AUTRE, *aussitôt après un nouvel éclair*
et un nouveau coup de tonnerre.

Les bêtes sur vous et en vous, chair trop tendre!
Les becs les dents les griffes,
les bêtes sur vous en vous, les millions
de bêtes imperceptibles, patientes, implacables,
crissements, claquements, craquements,
mâchoires, aiguillons, cisailles,
grouillement de cette vie en vous, pour votre mort
et votre pourriture! Les bêtes! Les bêtes! Les bêtes sur vous!

LUI, *à Elle.*

N'écoute pas! Songe à ton âme qui rassemble
toute ta vie éparse
et la porte vers moi d'un seul élan!

L'AUTRE

Les bêtes sur vous, en vous, creusant leurs tanières
et, sourd aux plaintes de l'amour,
qu'il vienne en vous sans bruit, lentement, sourdement,
qu'il vienne en vous le roi des rois
le Ver! qu'il rampe et qu'il pullule dans vos membres
fulgurant comme l'éclair bleu dans les nuages
qu'il vous frappe et vous brise
et prépare votre poussière
plus sûrement que la foudre!

LUI

La vie est à ce prix! Je l'accepte
pour une gorgée de pluie!

ELLE

Pour un silence... partagé...

L'AUTRE, *redoublant de colère.*

O danse de la faim, de l'accouplement, du supplice,
de la déglutition, de la décomposition,
de la moisissure et de la pourriture!
L'affreux bal masqué, chacun endossant la dépouille de l'autre
ou le dévorant dans l'allégresse et la démence!

ELLE

O souffle sur mes feuilles!
ton frémissement me protège.

LUI

Mon corps soutient ton corps
et mes plus hauts rameaux caressent ton visage. N'aie pas peur!

L'AUTRE

Voici pour vous : je vous les donne de bon cœur et à foison
la liane vorace, l'horrible oiseau, la hideuse chenille,
le sang noir de la fourmilière inépuisable dans vos racines
et dans vos branches affaiblies
la lèpre gluante des frelons et des guêpes! Et enfin
le roi! Le ver! Le ver! Le ver!
dans vos veines, dans vos charpentes condamnées!
Le ver! Le ver! Le ver! L'unique et le multiple
sur vous! Sur moi! Sur nous tous!
... Ah qu'il est bon de savourer
notre fraternité dans la torture!
O tempête, débonde tes barriques
pour que je boive d'un seul trait
à notre poussière!
A la gloire de ces deux-là!
A leur félicité, à l'illusion de leur solitude!
Vous avez cru que vous étiez seuls ici!... Ouvrez les yeux!
Vous êtes sur une scène, des millions de regards brillants dans
    la nuit autour de vous!
Et moi, moi j'étais là dans la nuit
au premier rang, pour vous applaudir!

Je vous ai entendus! Je vous écoute!
Et moi, m'avez-vous entendu maintenant?

Silence.

Répondrez-vous, à la fin... *(Un ton plus bas :)*
Mais non!... Que je ne vous entende plus
vous parler pour vous seuls.
Ah! malheur à ces deux corps vivants
trop près l'un de l'autre!

> *Un assez long temps peuplé d'éclairs et de coups de tonnerre, puis :*

LUI, *lentement.*

O espace, mon père!

L'AUTRE, *tonitruant.*

O pourriture, ô mon destin!
Ma mère, mon tombeau!

LUI

O Espace, père de toutes choses
toi qui m'engendras par la main du vent,
et vers qui je m'élève
du fond des profondeurs
emporte-nous!

L'AUTRE

O pourriture épaisse, ô nuit aveugle
reprends-les dans tes caves
où mûrit l'ossature des morts!

LUI

Espace, emporte-nous, liés, inséparables
à la proue du navire
nos voilures offertes
largement déployées!
Et celle qui se tait

fragile et douce
ranime-la d'un souffle
descendu de très haut!

ELLE, *déchirante.*

O terre! Relâche ton étreinte!
Laisse-moi m'arracher d'ici!
Laisse-nous fuir!

LUI, *grave et tendre.*

Tu aimais tant ce lieu
qui est le lieu de notre vie!
Mon pauvre amour, tu connais à présent le supplice
de ne pouvoir s'arracher. Moi je cherche des armes absentes
je veux combattre et ne le peux.

L'AUTRE, *avec une joie rageuse et cruelle.*

Ni fuir ni combattre!
Tout vous est refusé,
et c'est moi qui triomphe
j'assiste à votre rage!
Toute la nuit je vous ai dans l'ombre écoutés.
Toutes les nuits et tous les jours jusqu'à notre mort
vous saurez que je vous surveille.
Vous ne pourrez plus ni parler ni vous étreindre!
La peur glacera le sang dans vos veines
sans fin!

ELLE, *criant vers l'Autre.*

Sans fin tu ne seras qu'un étranger! Tu ne peux rien contre
    nous!
Tu ne peux empêcher que nous soyons l'un près de l'autre,
promis, unis l'un à l'autre!

*Nouvel éclair. Un coup de tonnerre plus proche et
plus bref.*

L'AUTRE

Vous êtes plus loin l'un de l'autre
que si la mer vous séparait !
Vous ne pourrez jamais vous atteindre.
Essaie donc de bouger, toi qui te tais !

ELLE

Moi je crierai encore, toujours !
Ma joie est devenue ma colère
comme elle était la paix tout à l'heure et la sérénité.

LUI

Comme elle sera demain la lumière !

L'AUTRE

Pauvre lumière sur tant d'impuissance !
Moi qui suis plus grand que vous tous
j'aurai du moins le secours du premier rayon, de la première
    étoile
et le pouvoir de détourner mes yeux vers les cimes
et de cesser de voir ramper l'horreur.

ELLE

C'est ainsi qu'il appelle le don le plus sacré :
la confiance ! Qu'il meure ! Qu'il meure ! Qu'il meure !

LUI

Que la foudre choisisse l'orgueilleux !

L'AUTRE

Ce ne serait pas un châtiment
mais une délivrance ! Si la foudre me brûle
c'est que je n'étais pas fait pour m'abaisser
jusqu'à cette ombre, qui se plaît au ras du sol
dans l'odeur forte des sueurs
où la naissance et la mort se confondent.
Je serai seul à respirer là-haut

les salubres senteurs des montagnes
qui règnent au-dessus de vous!

ELLE

L'amour partagé est un défi
plus fort et plus salubre encore!

LUI

Nous connaissons l'un par l'autre la vie
mais aussi tout ce qui est au-delà de la vie!

L'AUTRE

Je ne partage rien. Je suis voué à la splendeur
solitaire et sans limite!

LUI

   Tu te repais de toi-même
pour oublier ce que tu ne peux attendre,
ces biens, ces pauvres biens terrestres
qui sont pourtant les vrais trésors, tu le sais!

> *Un nouvel éclair intense. Un coup de tonnerre très proche et très rageur.*

ELLE, criant.

La foudre, cieux profonds! La foudre et l'incendie sur lui!

L'AUTRE

Que le temps vous dévore lentement
qu'il vous détruise, comme le ver mange le cœur de l'arbre!
Que votre chair tombe en poudre
dans cette dégradation abominable
dont l'amour est la première plaie!

> *Un nouvel éclair. Presque en même temps, un craquement formidable du tonnerre. Une grande lueur tombe en un instant sur l'Autre et semble s'engloutir dans le sol.*
>
> *Aussitôt après, un grand silence. L'obscurité est totale.*

Pendant que la scène est plongée dans la nuit, Lui et Elle se sont de nouveau étendus au pied des deux arbres qui ont repris leur place sur leur piédestal de mousse et de racines noueuses. La lueur d'un nouvel éclair (suivi d'un coup de tonnerre plus lent et plus lointain) les montre immobiles et dormant profondément. Une lueur venant de la droite, dans les profondeurs de la forêt, s'approche peu à peu. Un homme apparaît, tenant une lampe électrique. C'est L'Autre, sous sa forme humaine.

L'AUTRE, *cherchant à droite et à gauche — à mi-voix.*

Belle nuit pour des amoureux en forêt! Envolés? Noyés? Foudroyés? Non! Ce serait trop bon pour eux! Et ma peine et ma fatigue, en vain? Non, non, je veux les prendre vivants! Que je les voie! Que je les entende! Qu'ils avouent, dussé-je en éclater de douleur!... Les chercher jusqu'aux entrailles de la terre! Mêlés aux racines et aux vers!... Dix nuits comme celle-là, s'il le faut!... *(Il arrive vers les deux amants endormis et, soudain, la lumière de sa torche tombe sur eux...)* Arrête-toi, mon cœur : voilà ma honte!... *(Il s'approche et les considère un instant. Sa main droite fouille fiévreusement dans sa poche et en retire un revolver qu'il braque sur eux.)* Sous la lumière de ma vengeance, et à ma merci!... *(Il laisse retomber sa main.)* Non! Ce serait aussi trop beau pour eux!... *(Un murmure s'échappe des lèvres des amants.)* Ils parlent! Ils se parlent encore, dans leur sommeil!... Que disent-ils?... Parlent-ils de moi?...

LUI, *rêvant.*

Demain... oiseaux...

ELLE, *rêvant.*

Seuls... Tout est...

L'AUTRE

Comme ils ont l'air calme!... Séparés, chastes!... On dirait que chacun est à cent lieues de l'autre!... Oui, c'est ainsi après le plaisir!... *(Repris par la colère :)* Ici même, peut-être! Pendant que j'errais comme un fou à leur poursuite!... Répugnante vision! C'est trop!

Il braque de nouveau son revolver sur eux, puis de nouveau laisse tomber son bras avec lassitude. À ce moment, un faible éclair. Puis un roulement de tonnerre très léger. L'orage s'est éloigné.

S'ils allaient se réveiller! Me voir là, devant eux, assistant à leur sommeil!... Ridicule, ridicule, je suis ridicule! A jamais! Quoi que je fasse!... C'est moi qu'il faut punir! De n'avoir pas su! De n'avoir rien empêché!... Toute confiance perdue! Tout avenir perdu!... Plus rien!... Autrefois! Le bel autrefois! Qui me le rendra? Elle seule pourrait... Non! Rien ne recommence!... C'est donc elle seule qui doit mourir!... C'est elle qui m'a volé! Plus encore que lui!... *(Il dirige sur elle son revolver.)* Et puis!... Tout serait fini deux fois, deux fois perdu!... Il n'y a plus rien, je ne suis plus rien!... Ma vengeance, ma douleur, ma fatigue!... Tout se confond!... Tout mon corps me brûle!... Ah! Malheur à moi!

Il se retourne brusquement, fait quelques pas vers la droite, éteint sa lampe. Un coup de feu retentit dans l'obscurité. Et c'est de nouveau le silence.

ELLE, *s'éveillant brusquement, se redressant et saisissant la main de son amant.*

Entends-tu?... La foudre!... La foudre est tombée!

LUI, *s'éveillant presque aussitôt.*

Qu'y a-t-il?... une détonation!

ELLE

J'ai entendu... C'était la foudre. *(Elle passe sa main sur son front.)* Ai-je rêvé?

LUI, *se levant d'un bond.*

Qui a tiré?...

ELLE

Quelqu'un est venu...

LUI, *sortant de sa poche une lampe électrique
et la braquant sur son amie.*

Tu n'es pas blessée?

ELLE

Non... Quelqu'un a tiré.

LUI

Où?

ELLE, *désignant la droite.*

Là... je crois...

LUI, *l'aidant à se relever.*

Il faut aller voir.

ELLE

J'ai peur. Ne me quitte pas!

LUI

Donne-moi la main... Il faut absolument aller voir.

ELLE

Je ne veux pas. Je ne — peux pas.

LUI

Si! Il le faut... Viens!

*Il l'entraîne vers la droite. Elle se fait traîner comme
une enfant en mettant sa main gauche sur ses yeux. Ils
arrivent à l'endroit d'où le coup de revolver est parti. La
lueur de la lampe tombe sur le corps inanimé de l'Autre.*

LUI, *dans un souffle.*

Ah!... Dieux!...

ELLE, *haletante.*

Ne me dis pas! Ne me dis rien!... Je sais!

LUI

Oui! *(Il se penche, regarde.)* Tout est fini!

ELLE, *avec effroi.*

Lui! C'est lui, n'est-ce pas?

LUI, *à voix très basse.*

Oui. Mort sur le coup. Il tient encore son arme dans sa main.

ELLE, *lâchant soudain la main de son amant.*
Avec une sorte de fureur égarée.

Pourquoi as-tu fait cela?

LUI

Tu es folle! C'est lui-même qui...

ELLE, *montant la voix.*

Non! Ce n'est pas vrai! C'est toi!

LUI

Qu'est-ce que tu dis?

ELLE

Je dis que c'est *toi* qui l'as tué!

LUI

Voyons! Reviens à toi!... *(Lui prenant la main :)* Ta main est brûlante. Tu as la fièvre!

ELLE, *se dégageant.*

Lâche-moi!... Assassin!

LUI, *suppliant.*

Je t'en conjure : reviens à toi... à nous! Reprends conscience!

ELLE

C'est bien cela. Je reprends « conscience »! Et je dis que tu as tué cet homme!

LUI

Dis que c'est notre amour, peut-être, qui l'a tué!

ELLE

Moi, t'avoir aimé? Allons donc! On n'aime pas un criminel!

LUI

Est-ce que j'entends bien? Est-ce que nous ne rêvons pas encore, l'un et l'autre? Rappelle-toi : nous étions deux arbres!...

ELLE, *désignant le cadavre.*

Est-ce que c'est un rêve, cet homme qui est mort! Maintenant il est immobile pour toujours. Est-ce qu'il rêve, lui! Est-ce qu'il rêve? Qu'avait-il fait? Qu'avait-il fait?

LUI

Ce qu'il avait fait : c'était notre amour! D'une façon ou d'une autre, il était... hors du jeu?

ELLE

Dis le mot que tu penses : d'une façon ou d'une autre, il devait disparaître!... Eh bien non! Non, ce n'est pas ce que j'attendais de toi : la mort de cet homme!

LUI

Est-ce que tu m'aimais, oui ou non? Est-ce que notre amour n'était pas plus fort que tout?

ELLE

Pas jusqu'à nous conduire à ce crime.

LUI

S'il s'est tué, c'est sa volonté seule...

ELLE

Sa volonté, vraiment? Ou bien la tienne?

LUI

Je ne l'ai pas voulu plus que toi... Encore une fois, éveille-toi de ton cauchemar!

ELLE

Le cauchemar est là! *(désignant le cadavre).* Ce cauchemar, je le vis. Je suis bien éveillée. Et je te regarde avec horreur! Dans cette ombre! Dans cette odeur de forêt et de mort qui me prend à la gorge!... C'est ce crime qui m'étouffe! Tu es deux fois assassin! Deux fois assassin! *(Criant de plus en plus fort :)* Deux fois assassin!

LUI

Tu as deux fois perdu la raison!

> *Elle se précipite sur le cadavre, lui arrache le revolver et le braque sur lui.*

Que fais-tu?

> *Il éteint sa lampe. On entend une détonation.*

LUI, *râlant, dans l'obscurité.*

Ah!... Notre... amour...

ELLE, *hurlant.*

Vous ne serez pas seuls! je vous rejoins... l'un et l'autre.

Nouvelle détonation. Puis un long moment de silence. Pendant que l'obscurité est encore complète sur la scène, les trois personnages sont devenus totalement immobiles. Puis une lueur paraît à l'horizon et grandit. C'est l'aube. Lui et Elle, à gauche, l'Autre un peu plus loin, à droite, debout, sont remontés sur leur socle végétal. Ils sont redevenus arbres et sortent peu à peu de l'ombre. Un oiseau chante. Puis un second. Plusieurs gazouillis ensemble, qui durent un moment, puis s'arrêtent net. La première lueur du matin a maintenant envahi toute la forêt.

La voix des trois personnages a pris la sérénité de la mort.

LUI

C'est le soleil! C'est le soleil! Dors-tu toujours, ma bien-aimée?

ELLE

Je dors au comble de moi-même
mes feuillages bercés dans l'air supérieur.

L'AUTRE

J'élève encor mon front plus haut que vous.
J'ai le premier rayon du jour
c'est un autre sommeil qui commence.
Je vois si loin que mon regard se perd dans la clarté.

LUI

Es-tu toujours près de moi?

ELLE

Toujours, mon bien-aimé! Toujours!
Je ne me lasse pas d'être où je suis.
Des profondeurs de mes racines
à la plus haute de mes branches
je sens ton grand corps m'enlacer.

LUI

Je n'attends plus aucun départ.
Je suis perpétuel et immuable auprès de toi
comme l'espace où rien ne bouge.

L'AUTRE

Comme l'espace où rien ne bouge que le Temps,
rien que les simulacres de la roue
qui tourne sans fin sur elle-même,
je vois la lenteur apparaître
sous les traits d'un globe de feu.
Je sais que tout cela n'est qu'apparences
que toutes choses et tous les êtres
sont fixés pour l'éternité
et que la fuite affolée des étoiles
n'est qu'immobilité.

ELLE

Rien n'était donc possible?

L'AUTRE

Rien n'est possible en ce monde.

LUI

On ne peut rien atteindre. Nul ne rencontre son semblable
mais la distance apaise la soif, l'espace éteint les incendies.
La fièvre, la folie, le feu des astres
se changent en douceur dans l'immense intervalle.

ELLE

Sommes-nous donc réconciliés?

L'AUTRE

Absent l'un de l'autre à jamais.

ELLE

Oh! Cependant celui qui frémit près de moi
de toutes ses feuilles dans le matin
ne m'est-il pas présent et proche?

L'AUTRE

Plus loin de toi que la plus lointaine étoile!
Vous ne vous trouverez jamais!

LUI

Nous avons dépassé le désir et la douleur de vivre.
Le mouvement a coulé de nos corps parallèles
comme une eau pleine d'impuretés.

ELLE

J'aimais pourtant cette fièvre
cet effort inlassable
pour sortir de moi-même
pour atteindre l'Autre et me perdre en lui.

LUI

Tu avais donc déjà sur tes lèvres
le goût de la disparition!
Nous étions côte à côte et déjà séparés de nous-mêmes.

ELLE

Que nous reste-t-il donc?
La solitude, et lorsque la foudre a frappé,
Un grand silence.

Un silence.

LUI

Et lorsque tout est consumé
la légèreté de la cendre.

Un silence.

ELLE

Les feuilles des arbres vivants bougent à peine autour de nous
à peine un peu plus que les nôtres
qui vont bientôt se muer en poudre impalpable,
et que le vent va disperser.

L'AUTRE

Le temps s'arrête.

ELLE

Le soleil monte.

L'AUTRE

Le silence grandit.

ELLE

Cher silence!

Un silence.

LUI

Je ne me souviens plus. J'étais...

ELLE

J'étais toute douceur

L'AUTRE

Sous la lumière
sans bouger
sans désir
sans hâte
sans souffrance
comme les pierres
comme les ténèbres
comme les astres,
des arbres dans une forêt
un songe sans mémoire.

Rideau

Trois personnes entrées dans des tableaux

DIALOGUE A JOUER

PERSONNAGES

L'HOMME
LA FEMME
LE VOYAGEUR

Pas de décor. Un fond neutre (murs ou rideaux) sur lequel pourront jouer à plein les projections.

Au lever du rideau, la femme, vêtue sobrement (dans les bruns, les marron, les beiges, les noirs) est assise au premier plan, les mains reposant sur les genoux, face au public.
L'homme est debout, à sa gauche, au second plan, immobile. Il est vêtu simplement : tricot à col roulé bleu, pantalon de velours noir. Il s'adresse à la femme sans la regarder. Pendant ce temps, la projection d'un tableau de Braque recouvre entièrement la femme et l'espace qui l'entoure (et non l'homme).

L'HOMME

Depuis que tu es entrée dans ce tableau,
je te trouve belle
très belle
belle comme une pomme
comme une pomme de terre
comme une pomme de terre de feu
comme une pomme de terre de feu de bois.

LA FEMME, *sans bouger.*

Depuis que je suis entrée dans ce tableau
je me sens bien.
Je suis dans mes épaisseurs dans mes solides
Autour de moi tout est plein tout est cuit à point.

je me sens vraiment une bonne ménagère d'aujourd'hui
                              midi plein jour.

             L'HOMME, *calme, souriant, confiant.*

Je caresse des yeux ta rondeur de pichet fendu
 ton anse ton cou ton bec arrondi
 pichet du haut en bas fendu mon pichet de
                              terre
de terre cuite à point, de terre de pomme, de
                              terre de feu
de terre mienne, de terre brûlée de terre à bois de terre
                              à moi.

                    LA FEMME

Je sens que peu à peu c'est un bonheur je m'efface
 dans ce qui me soutient dans ce qui me porte
 dans ce qui me comble m'entoure me remplit.

                    L'HOMME

Tu ne me quittes pas cependant tu es présente, objet,
 objet présent calme assuré bonifié retrouvé
 à plat dans tes bords tu t'étales, heureuse et
                              brune.
Parfois quand je te regarde coupée en deux et
                              décalée
dans ton miroir porteur de fruits bruns, de damiers
                              obliques
de poissons noirs sur une assiette,
 tes deux moitiés de pomme coupée
 l'une contre l'autre sans bruit
 glissent comme les plans dans la géométrie
 comme les saveurs dans la bouche
 comme les planètes bien réglées sur leur axe.
 C'est pourquoi...

                                        Un temps.

                    LA FEMME

C'est pourquoi?

Tu sembles annoncer quelque chose.
Tu es comme suspendu...

L'HOMME

Tu as raison tu as peut-être raison.

LA FEMME

Tu ne veux pas t'en aller, je suppose?

L'HOMME

M'en aller? Oui et non.

LA FEMME

Qu'est-ce que ça veut dire? Moi regarde ici je
                              ne m'en vais pas.

L'HOMME

C'est vrai tu n'as pas à t'en aller.
Tu dois rester dans ta magnificence, dans ta
                              royale plénitude
dans ta rigueur dans ta majesté grave heureuse présente,
bâtie équilibrée porteuse apaisée souveraine.
Mais moi...

LA FEMME

Mais toi?

> *La projection du tableau de Braque s'arrête. Instantanément un tableau de Miró — un « grand bleu » — est projeté et recouvre l'homme ainsi que ce qui l'entoure, cependant que la femme rentre dans l'ombre.*

L'HOMME

Moi je dois m'en aller
dans un autre tableau il est là tu ne le vois pas.
Ne te retourne pas.

LA FEMME, *gentiment.*

Dois-je avoir peur?

L'HOMME

Pas du tout. Non pas du tout.
Tu ne dois pas avoir peur du tout.
Et pourtant...

LA FEMME

Et pourtant? Finis donc tes phrases!

L'HOMME

Et pourtant je vais à l'aventure
je vais à grands pas dans une aventure sans fin.

LA FEMME

Alors, est-ce toi qui as peur?

L'HOMME

Mais non mais non, moi non plus je n'ai pas peur.
J'ai très envie de cette aventure.
C'est toujours épatant de partir
de s'évader dans un grand espace
en dehors des formes connues.

LA FEMME

Ah! Ah! Je vois! tu pars dans un espace!

L'HOMME

Où partirait-on, si ce n'est dans un espace?
uui un espace uni
Uni uni, d'une seule couleur
qui comble le regard
mais une couleur comme un golfe
zébré d'éclairs, de taches éclaboussées éblouissantes
de trajectoires velues

de points de points
de points tout à coup dans le large bleu

LA FEMME

Serais-tu déjà parti?

L'HOMME, *disparaissant au fond de la scène*
cependant que sa voix s'amplifie et résonne de plus en plus
et que la projection reste seule.

Certainement je suis déjà parti
je vole à pleine vague, je plane en plein vol
je suis dans un grand bleu intense qui me porte,
un grand bleu tout rouge un grand bleu violet.

LA FEMME, *toujours sans bouger.*

C'est curieux je devrais avoir peur de te perdre
et pourtant ta voix est si claire
que je reste calme et heureuse ici.

L'HOMME, *au loin.*

J'arrache au vol des serpentins de feu des oursins de
                                        couleur
il ne m'en reste qu'un peu de poudre aux doigts.
Je m'enfonce dans une étendue légère
une étendue peuplée seulement par la lumière
un élément sans limite
une sorte de ciel
conçu par l'esprit
plus pur que l'air
sans écho sans ombre
sans reflet : un élément,
absolu élément de mon œil navigateur
absolu élément de mon plaisir de voir
ponctué de taches d'or, de rouge éclaté,
de signes pour moi seul
de noirs, profond velours vivant,
de points de points, moi-même un point je vogue

je plane et vais sans fin sans peur j'invente
ravi ailé libéré dispos.

> *Sa voix s'éloigne de plus en plus et finira par se perdre
> tout à fait sur les mots suivants.*

du bleu du bleu du bleu
des points des taches des trajectoires
dans le bleu dans le bleu
des points des taches des trajectoires
points... taches... trajectoires
bleu... bleu... bleu...

> *Un silence. La projection du Miró s'arrête. Aussitôt repa-
> raît la projection d'un tableau de Braque — le même ou
> un autre.*

LA FEMME

Je ne crains pas ce silence.
C'est le silence de ce qui est dans la maison.
Ce qui est par soi-même n'a pas besoin
d'autre chose que d'être et je suis.
Je suis dans le silence de mes épaisseurs brunes
comme tu es dans le silence de ton élément pur
mon espace est plein bourré comme un panier comme
                                        un œuf
ton espace est infiniment vaste
ton espace est ciel sur ciel...
mon espace est terre sur terre

> *Un silence. On commence à entendre au loin une cloche
> de village, puis un violon naïf, un « crincrin », puis on
> frappe à la porte. Elle rit :*

Entrez! Je sais qui vous êtes :
sautez donc par-dessus la porte
par-dessus la maison, ça n'est pas difficile
pour vous!

> *Le voyageur entre au milieu de la scène. Aussitôt cesse*

*la projection du Braque, remplacée par la projection d'un
tableau de Chagall.*

LE VOYAGEUR, *souriant et mélancolique.*

Vous avez raison. Je frappe pour la forme
parce que dans tous les contes
celui qui veut entrer dans une maison
doit d'abord frapper à la porte.
Vous êtes seule?

LA FEMME

Il est à côté, c'est-à-dire très loin
il navigue dans le bleu!

LE VOYAGEUR

Je vois, je vois! Moi je m'élève au-dessus des paysages
où il y a beaucoup de choses figurées,
des moutons, des ânes, des hommes des femmes qui volent
des enfants, des maisons, des arbres, des églises,
de la neige pourpre, des anges paysans en casquette
un grand va-et-vient légendaire...

Gentiment à la femme :

Puis-je entrer?

LA FEMME, *souriant.*

Vous savez bien que vous ne le pouvez pas!
Comment un avion pourrait-il entrer dans une pomme?
Il n'y a pas de creux ici pas le moindre vide
où l'on puisse évoluer
en dehors des mouvements bien huilés
de l'horloge de ce monde-ci
mais vous, dans un autre monde, vous dansez!

*Deux projections apparaissent côte à côte : au centre un
Chagall, à droite un Braque.*

LE VOYAGEUR

Nous serons donc côte à côte, voulez-vous?
C'est vrai : quand je m'avance tout cède
sans effort et tout est possible
je peux faire voler dans l'air
le laboureur avec sa charrue
je peux donner la même dimension
aux mariés de la noce de village
et à la petite église
qu'ils tiennent en laisse comme un animal domestique.

LA FEMME

C'est amusant vos couleurs acides
vos dissonances vives et aiguës
le vin bleu le vin couleur de sang
le vin vert le lie-de-vin le vin jaune
cela désaltère quand on a soif.

LE VOYAGEUR

C'est rassurant vos couleurs tonales
vos terres de Sienne vos terres de pierre
vos terres de bois de papier
vos terres d'âtre et de forgeron
de bûcheron de boulanger
et par-ci par-là dans la bouche
des bleus fondants des huiles de saveur
cela nourrit quand on a faim.

>   *L'homme reparaît à gauche. Il est recouvert de la projec-*
tion d'un Miró. Les trois projections se maintiendront côte
à côte jusqu'à la fin.

>   L'HOMME, *sa voix soudainement toute proche.*

L'homme a toujours faim et soif
de tout ce qui le prolonge
ou très au-delà ou en profondeur ou très en deçà
dans tous les sens il faut qu'il s'efforce
qu'il brise, qu'il éclate, qu'il soit davantage,

davantage en soi-même enfoncé
davantage en vrille dans les choses
davantage au-dehors dans les grands virages
dans le puits ou sur l'aile sifflante
en soi-même enfoncé hors de soi dépassé
ou plus lui-même ou infiniment moins
ou par-delà ou à travers ou au fond ou en arrière
dessus dessous demain autrefois aujourd'hui jamais
cent mille ans plus tôt cent mille ans plus tard
cent mille ans maintenant!

L'Homme se place derrière la Femme comme au début.

LE VOYAGEUR, *à l'Homme.*

Vous qui planez d'un autre vol
que ma course de magicien fou

A la Femme :

Vous qui régnez d'un autre règne
que nos espaces illimités
dans votre temps permanent et stable,
et moi qui joue de mon violon
ensorcelant bêtes et gens
autour de ma gaieté amère
nous voilà donc réunis
mais séparés à jamais
dans trois univers différents
qui peuvent se connaître mais non se pénétrer.
Rien ne nous unit,
mais rien ne nous sépare.

Un temps.

Je m'envole sans fin mais je reste
pour vous consoler, pour vous damner poliment, pour vous
bénir avec faste.

LA FEMME

Je demeure sans fin mais je tourne
mouvement sûr, palais sidéral, temps suspendu.

L'HOMME

Je plane, traversé de météores
je m'étends sans peur dans l'inconnu.

LE VOYAGEUR

Plus de pesanteur!

L'HOMME

Nul obstacle!

LA FEMME

Un monde comblé!

Un temps.

LE VOYAGEUR

Je m'envole!

L'HOMME

Je plane!

LA FEMME

Je tiens bon!

Un temps.

LE VOYAGEUR

L'impossible est vaincu.

L'HOMME

Tout est prêt pour la surprise.

LA FEMME

Je peux attendre pendant des siècles.

Un temps.

LE VOYAGEUR

La vie est un vin ivre

qui fermente et bouillonne
à travers toute la création.

L'HOMME

Les grands absolus
dont nous sommes faits
le temps l'étendue
tout est aboli.

LA FEMME

Tout ce qui vit
devient objet.
Tout l'incertain
devient solide
et se concentre
dans son être

Un temps.

LE VOYAGEUR

Tout va vers le Dieu

L'HOMME

Tout va vers le rien

LA FEMME

Tout demeure.

Gassin, « Le bon puits Saint-Jean »,
1er — 7 avril 1964.

Malédictions d'une Furie

SOLILOQUE TRAGIQUE

*Il n'y a pas de scène, mais une sorte de lieu vague, sans âge,
sans forme et sans limite, à la fois obscur et fascinant où passent
les couleurs fugitives d'un univers en fusion, plein de flammes
et de cendres, sans cesse agité d'enfantements et de désastres.*

LA FURIE, *belle, frénétique et blanche, sortant des ténèbres.
D'abord à voix basse et sifflante.*

Par la libation mince et noire, par le sang,
par l'odeur fade et écœurante de la bête égorgée,
par la blessure et par la colère, par le galop et par
       le cri,
par la fièvre, par la folie,
par toutes les races dont la chair morte
nourrit la terre et porte la vie,
ô pourriture, ô phosphorescence couleur de la nuit
       sidérale,

   Comme une plainte, qui se termine par un cri.

o, ohé, ohi, ah, aha, ahé, ahi, ahiii!

  *Elle s'arrête. Elle reprend son souffle un instant. Le
crescendo va commencer par un trépignement rythmé.*

Ah par le poing, ah par la griffe et la dent, ah par la
     corne et le sabot,
par cette vie infirme et vacillante,
ô lampe creuse, ô flamme qui se meurt à tout moment!

par cette race que je guette et que je torture et que
                    j'incarne
jusqu'à prendre sa forme et sa voix quand je
                    remonte de l'Érèbe
et que j'ai cent mille ans de cris amassés dans
                    ma gorge...

> *Elle reprend souffle encore une fois, plus profondément,
> comme parvenue à un nouveau palier, avant la dernière
> montée jusqu'à la malédiction furibonde.*

Par tout ce qui fuit et rampe et s'accroît et
                    dépérit,
par le tumulte du désordre à chaque instant du
                    fond des ombres secoué,
terre, terre, terre, terre, sifflement
de tous les serpents de tous les ouragans dans
                    ma chevelure,
de tous les sillages de toutes les ailes,
de toutes les démences de toutes les vagues,
de tous les chariots grinçant dans le ciel,
terre, océan, azur, abîme,
astres, astres, poussière d'astres, ah! pluie, ah! délire,
                    ah!
ah, ahé, ahi, ahiii,

JE TE MAUDIS, TEMPS INSONDABLE!...

> *Elle s'arrête, comme égarée, puis reprend, encore hale-
> tante, un ton plus bas.*

Je te maudis, temps insondable et monotone,
je sors pour cela des ténèbres,
hors de moi, blanche et noire comme la fumée
                    du sacrifice,
je te maudis, Temps nourricier des siècles ronds,
empereur le pied posé sur le globe,
silence peuplé de tous les souffles d'agonie,
silence à ta hauteur, à ta distance immémoriale,
mais vacarme et tonnerre, et plainte et hurlement
                    lorsqu'on écoute de plus près,
je te maudis, Père et Dévorateur de ce qui est,
                    Chronos,

mâchoire horrible, dégoulinant du sang de tes propres
                              enfants
et l'œil fou là-haut sous la broussaille des sourcils,
je maudis le torrent des créatures dans ta bouche
et la vaine circulation de toutes choses sous ton
                              front,
danse cruelle, danse fatale, danse hagarde qui te
                    fait rire!...

    *Sur le « i » qui la secoue tout entière, renversée en arrière
comme en proie à l'amour et à la mort, elle se rassemble
soudain, devient droite, grande, majestueuse, lente, solen-
nelle — presque humaine.*

Je ris avec toi, du rire de l'épouvante
                         et de la honte et du dégoût,
car il est inutile et dérisoire, le sacrifice éternel
                    des vivants
et lorsque l'urne abominable dans le gouffre
verse le flot épais de toutes les douleurs,
elle ne comble pas les déserts de l'espace
plus que ne le ferait dans ta coupe tremblante,
ô sacrificateur, une goutte de sang!

Paris, 1955-1958.

Rythme à trois temps

OU

LE TEMPLE DE SÉGESTE
(1958)

« Les belles filles, que vous aurez vues à Nîmes, ne vous auront pas moins délecté l'esprit par la vue, que les belles colonnes de la Maison Carrée, vu que celles ici ne sont que de vieilles copies de celles-là. »

*Lettre de Nicolas Poussin
à Chantelou, du 20 mars 1642.*

RYTHME A TROIS TEMPS

OU

LE TEMPLE DE SÉGESTE

a été créé le 30 mai 1959
au Théâtre de l'Alliance Française

INTERPRÈTES :

Bertille Lafferière
Annette Bartel
Huguette Cléry
Dorothée Blanck
Martine Tharsis
Claudine Dalmas

Le texte du récitant était dit par Jacques Couturier
Peinture projetée de Hartung
Citations musicales extraites de l'œuvre d'Anton Webern
Mise en scène de Jacques Poliéri

ARGUMENT

Très peu de mots. Très peu de gestes. Mais les uns et les autres organisés pour un « poème à jouer », selon un rythme lent, résolument ternaire.

Avec ce parti pris de stricte mesure, qui va jusqu'au bord du silence, j'ai tenté de traduire l'émotion qu'éprouve le voyageur lorsqu'il aperçoit, par un plein jour d'été, le temple de Ségeste, debout et solitaire au milieu des monts siciliens, entre la profonde carrière de pierre qui enfanta l'édifice, les vallons secs recouverts d'herbe rase et l'horizon aveuglant, — un paysage immobile, comme fixé dans l'éternel.

Ainsi, pas d'action dramatique à proprement parler, mais un essai de poésie sur scène. Pour tous « personnages » (à part une Voix anonyme), six jeunes filles identiques : ce sont les six colonnes soutenant le fronton du temple.

I

PARTITION POUR LA SCÈNE

PERSONNAGES

Six jeunes filles (A, B, C, D, E et F).	*Elles sont grandes, de taille égale, vêtues très simplement, de robes identiques : une sorte de tunique plissée d'un brun-jaune mat, tirant sur le rougeâtre et qui tombe jusqu'aux pieds.* *(Peut-être portent-elles des masques ou des demi-masques, car l'expression ne doit pas être dans les jeux de physionomie mais dans les gestes — très étudiés, très calculés — et dans les paroles — très avares, très espacées.)*
Une voix d'homme.	*Voix grave, anonyme, sans « effet » de déclamation, voix d'oracle, voix d'un autre monde.* *La voix sort on ne sait d'où. Il y a sans doute un haut-parleur dissimulé sur le proscenium, ou même dans la salle.*

DÉCOR

Rien sur la scène : seulement une estrade, au centre, entourée sur trois côtés (celui du fond étant invisible) de trois marches hautes et larges. L'estrade est assez large et profonde pour que les six jeunes filles puissent y évoluer à l'aise. De même, elles doivent pouvoir évoluer à l'aise sur le sol de la scène, au pied des marches, lorsqu'elles descendront jusque-là.

Couleurs et lumières évoquent successivement le plein jour ensoleillé, le crépuscule, la nuit étoilée, le clair de lune.

LA VOIX, *elle commence sur un ton éclatant qui baissera insensiblement pour devenir, à la fin, mystérieux, presque confidentiel. Elle fait sonner les s et appuie sur les i.*

Sicile! Sicile!
Syracuse! Sélinonte!

Un temps.

Ségeste!

Vallons fauves,
rochers ocre,
horizon blanc.
Ici le soleil
s'est fixé pour toujours
même s'il pleut sur la mer
même s'il fait nuit sur le monde.

A la face du temple,
six colonnes debout,
six jeunes filles
font procession dans l'immobile.

Nées sous la terre,
dressées dans l'étendue,
vouées à l'esprit,

trième, c'est-à-dire l'estrade), elles se disposent en oblique par rapport à la scène, tout en faisant face au public, A étant la plus éloignée et C la plus proche.

Avant qu'elles aient terminé cette évolution, les trois autres jeunes filles D, E et F sortent de la coulisse de droite et accomplissent les mêmes gestes que les trois premières, de sorte que, arrivées à la dernière marche, elles viennent former avec A, B et C un angle droit, sorte de proue dont la pointe est dirigée vers le public.

silence après silence
elles éveillent la parole.

Pas un souffle!
Rien ne bouge!

Les trois jeunes filles vont parler sur un ton grave et doux, sans hâte. Chacune ne dit d'abord qu'un seul mot, mais ces trois mots successifs sont liés et séparés des trois suivants par un temps d'arrêt plus ou moins long, suivant le tempo du passage. Tout le poème est ainsi construit sur un rythme ternaire, même s'il s'agit ensuite de très courtes phrases.

A

Un...

B

Deux...

D'abord à voix très douce, puis un léger crescendo jusqu'au silence.

                                    C
Trois...

                                                Un silence.

                                    F
Un...

                                    E
Deux...

                                    D
Trois...

                                              Un silence.

                       A, *d'une voix*
                  un peu plus forte.
Un...

                    F, *en écho atténué.*
Un...

                    B, *comme* **A.**
Deux...

                    E, *en écho.*
Deux...

                    C, *comme* **A.**
Trois...

                    D, *en écho.*
Trois...

                                            Un silence.

*Les six jeunes filles se dé-
ploient en ligne, face à la
scène, c'est-à-dire que A et
B, d'une part, E et F,
d'autre part, avancent, tan-
dis que C et D n'ont presque
pas à bouger. Cepen-*

dant les six jeunes filles doivent, à la fin de ce mouvement, se trouver à une distance moyenne les unes des autres, A étant la première à gauche, F la dernière à droite. L'intervalle entre les jeunes filles voisines est à peu près égal à l'espace normal qu'occuperaient deux d'entre elles. Ce sont les six colonnes de l'entrée du temple.

A, d'une voix timbrée,
un peu forte, sans excès.

Un...

F, en écho.

Un...

B

Deux...

E, en écho.

Deux...

C

Trois...

D, en écho.

Trois...

Un court silence.

D, *voix forte.*

Quatre...

C, en écho.

Quatre...

E

Cinq...

B, *en écho.*

Cinq...

F

Six...

A, *en écho.*

Six...

Un silence.

B, D et F, *tout en parlant, pivotent lentement sur elles-mêmes, faisant un tour complet, tandis que* A, C *et* E *restent immobiles.*

Clarté.

B, *tout en pivotant et en allongeant la syllabe* om *pour qu'elle dure aussi longtemps que son évolu-tion.*

Om...om...bre...

C

Chemin.

D, *comme* B, *sur l'*î.

Abîme...

E

Raison.

F, *comme* B.

Mystère...

Un silence.

A, *d'une voix nette, sans éclat.*

Un...

D, *ton méditatif, comme*
un écho.

Solitude.

B, *comme A.*

Deux...

E, *comme D.*

Absence...

C, *comme A.*

Trois...

F, *comme D.*

Espace...

Un silence plus bref.

A

Je suis...

B, *enchaînant.*

conscience.

C

Tu es...

D, *enchaînant.*

mémoire.

E

Elle est...

F, *enchaînant,*
mais après un léger temps d'arrêt,
comme après une hésitation.

l'oubli.

Tandis que A, C et E ne bougent pas, B, D et F descendent les trois degrés droit devant elles, dans la même ligne perspective que leur place d'origine, et, debout sur le sol de la scène, s'immobilisent.
Les voix deviennent un peu plus vibrantes et chantantes tout en restant sobres et dignes.

B, *ton élevé, lointain.*

J'étais le rocher...

A, *enchaînant, ton grave.*

je devins la Forme.

D, *comme B.*

J'étais le chaos...

C, *enchaînant comme A.*

je devins le Nombre.

F, *comme B.*

J'étais le sommeil...

E, *enchaînant comme A.*

je devins le Songe.

Sans quitter la troisième marche, A, C et E se déplacent vers la droite, viennent se situer dans la même ligne perspective que B, D et F, tandis que celles-ci se déplacent vers la gauche, viennent se placer dans la

*même ligne perspective que
les places d'origine de A,
C et E.*

> B, *le corps légèrement de pro-
> fil, gravit une marche et s'ar-
> rête, de nouveau faisant face au
> public.*

Un pas...

A

Une halte.

> D, *même jeu que B.*

Un fleuve...

C

Un rivage.

> F, *même jeu que B.*

Un héros...

E

Une femme.

> *Un temps, pendant lequel B,
> D et F gravissent, en silence,
> la deuxième marche.*
> > *Un temps.*

Les fifres!

F

Un silence.

> > *Un temps.*

C

Une personne!

D

Un peu moins lent.

Le vent.

Un temps.

A

Une voix!

B

La mer...

Un temps.

A, C *et* E *reprennent, au même rang, leurs places primitives, tandis que* B, D *et* F, *remontant la dernière marche, reprennent également leurs places primitives.*

A

Moi...

B, *enchaînant.*

le Regard.

C

Toi...

D, *enchaînant.*

la Clarté...

E

Elle...

F

le Miroir.

Un court silence.

A

Un...

B, *enchaînant.*

la parole,

C

Rallentando.

Le soleil se retire lente-
ment. L'ombre envahit peu
à peu la scène.

Deux...

D, *enchaînant.*

l'écho,

E

Trois...

F, *enchaînant et donnant, sans*
grandiloquence, beaucoup
d'ampleur au mot « monde ».

le monde...

Un temps.

A

Le soleil tourne,

C

De nouveau très lentement,
sur un ton presque rêveur.

L'ombre descend,

E

Les astres glissent.

Un temps.

B, *la tête fixe.*

Immuable,

D, *idem.*

Je demeure,

F, *idem.*

J'attends.

Un temps.

A, *tournant la tête lentement
à droite.*

J'interroge...

C, *baissant la tête comme
pour un acquiescement.*

J'obéis...

B, *la tête vers la gauche.*

Je médite,

Un temps.

*Les jeunes filles descendent
ensemble, et de face, une
marche, c'est-à-dire une
marche pour chacun des
trois mots « dialogue »,
« cité », « tombeaux ». A
chaque marche, elles s'es-
pacent un peu plus (effet
cinématographique : comme
si la caméra se rappro-
chait).
Parvenues sur le sol de la
scène au pied des marches,
elles restent d'abord immo-
biles.*

Le dialogue,

D

La cité,

F

Les tombeaux!

Un temps.

*A, B et C d'une part, D,
E et F d'autre part, se dé-*

LA VOIX, *grave, mystérieuse,
sortant de l'ombre.*

*ploient en demi-cercle, évo-
luant très lentement. A, B
et C ont simplement ra-
battu un pan de leur voile
sur leur front. D, E et F
indiquent à peine, d'une
seule main, le geste d'of-
frir.*
*A restant au centre, ses
compagnes décrivent au-
tour d'elle, très lentement,
un cercle parfait.*
*F puis, successivement, E
D, C, B et A gravissent
les marches en oblique.*
*Revenues sur la dernière
marche, elles font deux ou
trois évolutions très simples
et très lentes, se croisant
sans se toucher, puis elles
s'immobilisent de nouveau,
dans l'ordre initial.*
*La lumière de la lune ap-
paraît et rend les robes des
« colonnes » comme phos-
phorescentes.*

Les pleureuses, les porteuses d'of-
frandes...

Un temps.

Les heures du jour, les calculs de
l'intelligence...

Les mesures du poème, les degrés
de la musique...

La marche des astres, les révolu-
tions célestes...

Les colonnes du temple, l'édifice
universel.

Un silence.

A, *pathétique, chantant presque.*
Frémis, solitude!

B, presque chuchoté,
avec un étonnement dramatique.

Hors du temps! la pierre, la pierre!

C

Resplendis, silence!

D, comme B.

Hors du temps, les cigales...

E

Règne, règne, Espace!

F, *toujours chuchoté.*

La lumière lunaire tourne.

Hors du temps, hors du temps,
cigales, pierres, cigales, pierres,
hors du temps...

*Les autres répètent les mêmes
mots, mais cela devient un
murmure confus, indiscernable.
Puis seules, B, D et F conti-
nuent ce murmure, tandis que
la voix de A, de C et de F
s'élèvera au-dessus de lui, dis-
tincte et grave.*

A

Ton plus lointain.

Jadis je fus!

C

Toujours je suis!

E

J'affirme, je nie!

*Un temps. Le murmure s'ar-
rête.*

A

L'homme effacé

C

Les âges révolus

F, *avec une insistance dure,
martelée, croissante, mais sereine.*

Le cercle parfait

Un temps.

Face contre face,

Le gouffre et la pierre,
La mort et la vie,
L'espace et l'instant,

Un silence.

Le secret des Dieux.

II

TEXTE SEUL

UNE VOIX DANS L'ESPACE

Sicile! Sicile!
Syracuse, Sélinonte,

Ségeste!

Vallons fauves,
rochers ocre,
horizon blanc.
Ici le soleil
s'est fixé pour toujours
même s'il pleut sur la mer
même s'il fait nuit sur le monde.

A la face du temple,
six colonnes debout,
six jeunes filles
font procession dans l'immobile.

Nées sous la terre,
dressées dans l'étendue,
vouées à l'esprit,
silence après silence
elles éveillent la parole.

Pas un souffle!
Rien ne bouge.

LES COLONNES

Un — Deux — Trois...
Un — Deux — Trois...

Un (un) — Deux (deux) — Trois (trois)...
Un (un) — Deux (deux) — Trois (trois)...
Quatre (quatre) — Cinq (cinq) — Six (six)...

Clarté — Ombre
Chemin — Abîme
Raison — Mystère...

Un — Solitude.
Deux — Absence.
Trois — Espace...

Je suis — conscience.
Tu es — mémoire.
Elle est — l'oubli.

J'étais le rocher : je devins la Forme.
J'étais le chaos : je devins le Nombre.
J'étais le sommeil : je devins le Songe.

Un pas — Une halte.
Un fleuve — Un rivage.
Un héros — Une femme.

Les fifres! — Un silence.
Une personne! — Le vent.
Une voix! — La mer...

Moi — le Regard,
Toi — la Clarté,
Elle — le Miroir.

Un — la parole,
Deux — l'écho,
Trois — le monde.

Le soleil tourne.
L'ombre descend.
Les astres glissent.

Immuable,
Je demeure,
J'attends.

J'interroge.
J'obéis.
Je médite.

Le dialogue...
La cité...
Les tombeaux...

LA VOIX

Les pleureuses, les porteuses d'offrandes...
Les heures du jour, les calculs de l'intelligence...
Les mesures du poème, les degrés de la musique...
La marche des astres, les révolutions célestes...
Les colonnes du temple, l'édifice universel...

LES COLONNES

Frémis, solitude!
Hors du temps! La pierre, la pierre!

Resplendis, silence!
Hors du temps, les cigales...

Règne, règne, Espace!
Hors du temps, hors du temps, cigales, pierres, cigales,
pierres, hors du temps...

Jadis je fus!
Toujours je suis!
J'affirme, je nie!

L'homme effacé,
Les âges révolus,
Le cercle parfait.

Face contre face,
Le gouffre et la pierre,
La mort et la vie,
L'espace et l'instant,

Le secret des Dieux.

Les amants du métro. 7

L'A.B.C. de notre vie. 61

Une voix sans personne. 139

Les temps du verbe. 153

Tonnerre sans orage. 201

Des arbres et des hommes. 229

Trois personnes entrées dans des tableaux. 275

Malédictions d'une Furie. 291

Rythme à trois temps. 297

ŒUVRES DE JEAN TARDIEU

nrf

Poésie

ACCENTS.
LE TÉMOIN INVISIBLE.
JOURS PÉTRIFIÉS.
MONSIEUR MONSIEUR.
UNE VOIX SANS PERSONNE.
CHOIX DE POÈMES.
HISTOIRES OBSCURES.

Prose

FIGURES.
UN MOT POUR UN AUTRE.
LA PREMIÈRE PERSONNE DU SINGULIER.
PAGES D'ÉCRITURE.
LES PORTES DE TOILE.

Théâtre

THÉATRE DE CHAMBRE, I.
POÈMES A JOUER *(Théâtre II).*

Éditions illustrées

JOURS PÉTRIFIÉS, avec six pointes sèches de Roger Vieillard.
L'ESPACE ET LA FLÛTE *(poèmes),* variations sur douze dessins de
Pablo Picasso.
CONVERSATION-SINFONIETTA, essai d'orchestration typographique de
Massin, coll. « La lettre et l'esprit. »

Livre pour enfants

IL ÉTAIT UNE FOIS, DEUX FOIS, TROIS FOIS... OU LA TABLE DE MUL-
TIPLICATION MISE EN VERS. Illustrations d'Élie Lascaux.

Traductions

GŒTHE : *Iphigénie en Tauride. — Pandora* (Théâtre de Gœthe, *Bibliothèque de la Pléiade*).
HÖLDERLIN : *L'archipel* (*Deux fragments dans* Accents).

Chez d'autres éditeurs

Le fleuve caché (Schiffrin). Épuisé.
Poèmes (Le Seuil). Épuisé.
Les dieux étouffés (Seghers). Épuisé.
Bazaine, Estève, Lapicque, en collaboration avec André Frénaud et Jean Lescure (Carré).
Le démon de l'irréalité (Ides et Calendes). Épuisé.
Charles d'Orléans (L.U.F.). Épuisé.
Le farouche à quatre feuilles, en collaboration avec André Breton, Lise Deharme et Julien Gracq (Grasset).
De la peinture abstraite (Mermod).
Jacques Villon (Carré).
Hans Hartung (Hazan).
Hollande, textes pour des aquarelles de Jean Bazaine (Maeght).

*Cet ouvrage
a été achevé d'imprimer
sur les presses de l'Imprimerie Floch
à Mayenne le 8 octobre 1969.
Dépôt légal : 4e trimestre 1969.
No d'édition : 14561.
Imprimé en France.
(8830)*